HEYNE BÜCHER

PSYCHO

D1869161

Bärbel Schwertfeger

Die Macht ohne Worte

Wie wir mit dem Körper sprechen

Originalausgabe

Wilhelm Heyne Verlag München

HEYNE PSYCHO
Band 17/14

Bärbel Schwertfeger

Macht ohne Worte

Körpersprache und Selbstinszenierung

Copyright © 1988 dieser Ausgabe
by Wilhelm Heyne Verlag GmbH & Co. KG, München
Printed in Germany 1988
Umschlagillustration und -gestaltung: Atelier Ingrid Schütz, München
Satz: VerlagsSatz Kort GmbH, München
Druck und Bindung: Presse Druck Augsburg

ISBN 3-453-02602-0

Inhalt

»Erst wenn ich weiß,
was ich mache,
kann ich tun,
was ich will«

Moshé Feldenkrais

Vorwort

Der Körper lügt nicht. Er ist der Spiegel der Seele. Unter diesem Aspekt beschäftigen sich seit einigen Jahren zahlreiche Bücher mit der Körpersprache – angefangen von wissenschaftlichen Betrachtungen und Untersuchungen über die Entstehung und den Gebrauch der Körpersprache bis hin zu regelrechten ›Nachschlagewerken‹, die dem Leser eine bessere Taxierung der Mitmenschen anhand einzelner körpersprachlicher Signale versprechen.

Welche Bedeutung hat die Körpersprache nun wirklich und was bringt es, sich näher damit zu beschäftigen?

Körpersprache hat viel mit Menschenkenntnis zu tun. Und Menschenkenntnis basiert auf vielen – meist unbewußten – Eindrücken vom Verhalten anderer, natürlich in Verbindung mit den eigenen Erwartungen und Vorerfahrungen.

Warum findet man einen Menschen unsympathisch oder arrogant? Warum vertraut man manchen Menschen nahezu blindlings und ist anderen gegenüber – eigentlich grundlos – mißtrauisch? Viele dieser scheinbar rein intuitiven Eindrücke haben ihre Grundlage in der Körpersprache.

Körpersprache ist so etwas wie ein geheimer Code, den jeder versteht, den aber keiner kennt und erklären kann.

Körpersprache ist der Schlüssel zu besserer Menschenkenntnis und damit auch zum besseren Verständnis der Mitmenschen.

Aber es ist schwer, diesen Code zu entschlüsseln. Körpersprache ist eine sehr komplexe Sprache. Sie unterliegt anderen Regeln und Gesetzmäßigkeiten als die gesprochene oder geschriebene Sprache. Und vor allem kann sie nicht isoliert betrachtet werden: Ihre Bedeutung und Funktion ist abhängig von der jeweiligen Situation, in der sie auftritt, von der Beziehung der Kommunikationspartner zueinander und – was die meisten Bücher über Körpersprache vernachlässigen – von der sie begleitenden gesprochenen Sprache.

Sprache und Körpersprache sind zwei sehr unterschiedliche Kommunikationssysteme, die sich ergänzen, die aber auch häufig sich widersprechende Botschaften vermitteln.

Um das Zusammenspiel von Sprache und Körpersprache besser zu verstehen, ist es notwendig, sich damit zu befassen, was Sprache eigentlich ist, wie sie funktioniert und wie sie die Wahrnehmung beeinflußt.

Während Sprache in erster Linie dazu dient, Inhalte zu vermitteln, drückt man mit der Körpersprache im wesentlichen seine Gefühle und Einstellungen und damit seine Beziehung zum Gegenüber aus. Da man zwar aufhören kann zu sprechen, aber nicht aufhören kann, mit dem Körper zu kommunizieren, ist diese Beziehungsebene dem Inhalt gewissermaßen übergeordnet.

Jede menschliche Beziehung läßt sich anhand einer Dimension beschreiben: Der Gleichheit bzw. der Ungleichheit der Betroffenen. Gleichrangige Beziehungen gestatten allen Beteiligten die gleichen Rechte und Pflichten. Sie sind jedoch äußerst selten. In irgendeiner Form ist meist einer der Überlegene und hat damit eine gewisse Macht über den anderen – auch wenn es sich dabei nicht um ein deutlich sichtbares und ausgeprägtes Machtverhältnis handelt.

Diese Machtverteilung und die sich daraus ergebende soziale Ordnung ist eine wesentliche Voraussetzung für ein geregeltes gesellschaftliches Zusammenleben.

Wenn Körpersprache in erster Linie die Beziehung der Menschen zueinander ausdrückt und Beziehungen in der Regel auf einer gewissen Ungleichheit beruhen, dann muß die Körpersprache auch ein wesentliches Mittel sein, um diese Ungleichheit und damit Macht auszudrücken und aufrechtzuerhalten.

Anhand zahlreicher Beispiele soll dieses Buch den Leser auf die vielen Zusammenhänge von Körpersprache und Macht aufmerksam machen, sein Bewußtsein dafür erweitern und zu genaueren Beobachtungen anregen, um so letztlich zu einer besseren Menschenkenntnis und damit auch zu befriedigenderen zwischenmenschlichen Beziehungen zu kommen.

I. Körpersprache — eine andere Sprache?

1. Sprache – wozu?

1.1. Sprache – Kommunikationsmittel Nr. 1?

»Als die ersten Menschen merkten, daß sie eine Stimme hatten, mit der sie sich bemerkbar machen konnten, waren sie außer sich vor Freude und fingen sogleich an, ihre Stimmen zu erproben. Und wie man das noch heute tut: sie äfften alles nach, was sie hörten: Damals hörten sie vor allem Naturgeräusche: das Heulen des Windes, das Schnarchen der Wildschweine, das Krächzen der Raben, das Fauchen der Drachen, das Kreischen der Papageien, das Seufzen der Geister, das Quatschen des Moores, das Gackern der Wildhühner, das Schnauben der Rösser. Und so heulten, schnarchten, krächzten und fauchten sie, kreischten, seufzten, quatschten und gackerten und schnaubten – und manche konnten, vor allem im Winter, sogar schon husten. Doch merkten sie nach einiger Zeit, daß sie sich mit diesen Geräuschen von ihrer Umwelt nicht unterschieden – und sie wollten doch etwas Besseres sein! Also versuchten sie, Töne zu erzeugen, die sie von anderen trennen sollten. Und so begannen sie, indem sie ihre Lippen sonderbar bewegten, bestimmte Laute zu formen. Sie rissen den Mund gewaltig auf, als hätten sie großen Hunger und hauchten das erste ›A‹! Danach preßten sie die Lippen zusammen, ließen sie breit auseinanderschnellen, und das erste ›B‹ erklang. Dann zischten sie durch die Zähne das erste ›C‹, schnetzten danach mit der Zunge gegen den Gaumen, daß ein ›D‹ sich formte – und so ging es immer lustig weiter, bis sie ein ganzes Alphabet beisammen hatten. Die Sache machte ihnen Laune, sie hielten sie für entwicklungsfähig und versuchten nun, die einzelnen Laute zu verbinden, etwa das A mit dem H, woraus das noch heute gebräuchliche ›Aha‹ entstand. (Ein anderer Volksstamm entwickelte auf ähnliche Weise das fast ebenso berühmte: ›Oha‹!)

Auf jeden Fall fügten die ersten Menschen ihre Buchstaben zu Silben, waren aber auch damit noch nicht zufrieden und formten darum aus den Silben ganze Wörter. Und weil der Fortschritt, ist er einmal ausgebrochen, selten zu bremsen ist, wurden auch die Wörter noch aneinandergereiht, so daß Sätze entstanden: Sätze, die lang und immer länger wurden und schließlich in ganze Wortschwalle, Satzkaskaden, in Redeströme ausarteten, und seitdem haben die Menschen nie wieder aufgehört zu reden und zu reden und zu reden und zu reden...« Eva Rechlin

Daran hat sich bis heute nichts geändert.

Der überwiegende Teil unserer Kommunikation läuft – zumindest auf den ersten Blick – über die Sprache ab. Stellen wir uns einmal vor, wie unser Leben aussähe, gäbe es keine Sprache (und damit natürlich auch keine Schrift). Wie würden wir uns verständigen? Was tun wir, wenn wir wissen wollen, welcher Wochentag heute ist, wann es zum letzten Mal geregnet hat, wo die nächste Tankstelle ist oder wie die neue Waschmaschine funktioniert?

Sprache ist das ›Medium‹, mit dessen Hilfe wir Informationen weitergeben und erhalten können – mit dem wir uns verständigen können.

Sprache gewinnt jedoch erst im Laufe unseres Lebens diese Bedeutung. Ein Säugling oder Kleinkind ist noch nicht in der Lage, Sprache zu benützen und sie zu verstehen. Sprache muß erst gelernt werden. Wenn man eine Sprache lernt, lernt man Gegenständen, Empfindungen und Tätigkeiten bestimmte Worte zuzuordnen und diese Worte in eine bestimmte Reihenfolge und Struktur zu bringen. Erst, wenn ein Kind die Sprache beherrscht, kann es andere Tätigkeiten, wie Schreiben und Lesen erlernen. Es kann sich schriftlich ausdrücken und Geschriebenes verstehen. Die Sprache ist die Grundlage für weitere Lernprozesse: Die Vermittlung von Wissen, ob nun in der Mathematik, in der Geschichte oder in einer Fremdsprache – ohne Sprache ist sie kaum denkbar. Sprache ermöglicht uns, auf vielen Ebenen zu kommunizieren: Wir können unserem Gegenüber Informationen weitergeben oder sie von ihm erhalten, wir können ihm unsere Wünsche, Empfindungen und Meinungen mitteilen. Sprache ist wichtig im alltäglichen Kontakt mit unseren Mitmenschen: in der Familie, im Beruf, in der Freizeit, beim Einkaufen...

Alle unsere Informationsquellen wie Zeitung, Radio, Fernsehen oder Bücher basieren auf der Sprache.

Die Vorstellung, unser Alltagsleben ohne Sprache bestreiten zu müssen, fällt uns schwer. Es entsteht eine gewisse Hilflosigkeit: Wie sollen wir uns verständlich machen? Wie sollen wir unsere Informationen und Wünsche vermitteln?

Wer einmal im Ausland war und die dortige Landessprache nicht beherrschte, kennt dieses Gefühl. In dieser

Situation müssen wir gelegentlich zu anderen Mitteln greifen: den nichtsprachlichen Signalen. Wir deuten mit dem Finger auf das Gewünschte und machen uns so auf eine andere Art verständlich. Dies erfordert jedoch eine weitaus größere Kreativität und Phantasie und ist oft wesentlich aufwendiger und zeitraubender, als die gewohnte Verständigung mit Hilfe der Sprache.

Deutlich wird dies zum Beispiel bei dem beliebten Gesellschaftsspiel Scharade, bei dem Begriffe ohne Sprache dargestellt werden und von den Mitspielern erraten werden müssen.

Sprache ist sicher das wichtigste und am häufigsten verwendete Mittel zur Verständigung. Aber damit ist es nicht gleichzeitig das beste Kommunikationsmittel. Sonst gäbe es nicht so viele Mißverständnisse, Schwierigkeiten und Probleme zwischen Menschen, die dieselbe Sprache sprechen. Wenn zwei Menschen ein Gespräch miteinander führen, sind immer zwei verschiedene Personen mit unterschiedlichen Erfahrungen, Empfindungen und Einstellungen beteiligt – zwei in ihrer Art einzigartige Wesen –, die sich über ein gemeinsames Medium, die Sprache, zu verständigen versuchen. Die große Bedeutung, die wir der Sprache in unserem Leben beimessen, führt dazu, daß wir andere Möglichkeiten der Kommunikation kaum mehr kennen, wahrnehmen, verstehen oder sogar verlernt haben.

Sprache ist jedoch nur *eine* Möglichkeit, sich zu verständigen. Sie ist ein sehr ausgefeiltes und detailliertes Instrument der Kommunikation. Oft vergessen wir aber, daß Sprache im Grunde genommen etwas Künstliches ist und daher keine uneingeschränkte Gültigkeit besitzt.

Und manchmal ›verschlägt es uns sogar die Sprache‹ oder uns ›fehlen die Worte‹.

Sprache ist die Drehscheibe für die Verbindung von einem Sender, einem Empfänger und einem Sachverhalt. Nur, wenn alle drei Komponenten berücksichtigt werden, findet eine vollständige Kommunikation statt. Klammert man den Sachverhalt aus, hat man nur ein sinnloses Gerede, z. B. den Austausch von Floskeln. Fehlt der Empfänger, so führt man Monologe, die Information ist auf niemanden gerichtet. Ist der Sender nicht vorhanden, so kann ein wie auch immer gearteter Sachverhalt nicht auf einen Empfänger wirken.

So einfach es meist erscheint, sich mit Hilfe der Sprache zu verständigen, um so erstaunlicher ist es, wenn man bei genauerer Betrachtung feststellt, welche komplizierten Vorgänge bei der Benutzung der Sprache eigentlich ablaufen.

1.2. Das Landkarten-Phänomen

Der Sprachforscher Korbzybski verglich die Sprache mit einer Landkarte. Eine Landkarte bildet die reale Welt ab. Auf ihr können wir den Verlauf von Straßen, den Namen und die Größe der Orte, die Lage und Höhe von Bergen und die Namen von Seen und Flüssen erfahren. Je nach Genauigkeit, Maßstab und Detailliertheit der Landkarte erhalten wir eine Fülle von Informationen über verschiedene Gegebenheiten einer Gegend. Dabei sind verschiedene Karten auf unterschiedliche Bedürfnisse ausgerichtet. Es gibt Autokarten, Wanderkarten, Freizeitkarten, Stadtpläne... Die Darstellung des Gebietes enthält also jeweils bestimmte Informationen, die für den Benutzer und seine Zielsetzung wichtig sind. Bei einer Straßenkarte sind Größe, die Beschaffenheit und der Verlauf der Straßen, sowie Entfernungsangaben wichtig. Ich muß wissen, ob ich auf einer Paßstraße oder einer Autobahn an mein Ziel gelange.

Aber die Landkarte ist nicht das Gelände oder der Ort selbst. Sie ist eine mit Hilfe gemeinsam verstandener Symbole dargestellte Abbildung eines konkreten Gebietes. So können wir aus einer Landkarte zwar mehr oder weniger detaillierte Angaben über die Beschaffenheit oder die Führung einer Straße erhalten – aber auf der Straße selbst sind wir damit nicht. Die konkrete Erfahrung, sich auf dieser Straße zu befinden, als Autofahrer, als Motorradfahrer, als Radfahrer oder als Wanderer, kann uns die Karte nicht vermitteln. Wir wissen nicht, wie es nach der nächsten Kurve aussieht, wie unsere Aussicht ist, wie die Gegend zu verschiedenen Jahres- und Tageszeiten aussieht, wieviel Verkehr ist, wie wir uns fühlen, wenn wir auf dieser Straße sind, ob wir müde oder frisch sind, wie das Wetter ist, ob es regnet, schneit oder ob die Sonne scheint. Die konkrete Erfahrung kann nur jeder selbst machen. Sie wird je nach den entsprechenden Umständen für jeden anders ausfallen und sie wird sich auch bei jedem einzelnen immer wieder verändern. Jeder kennt die Erfahrung, daß einem eine gewisse Strecke einmal recht kurz erscheint, sich das andere Mal schier unendlich dahinzieht. Gerade wenn wir in Eile sind, auf dem Weg zum Bahnhof oder zum Flughafen, kommt uns eine bekannte Strecke auf einmal endlos lang vor. Die objektive Entfernung ist dieselbe geblieben, nur unsere Wahrnehmung hat sich verändert.

Sprache ist nichts anderes als eine Landkarte. Sprache, das sind Begriffe, Symbole für Gegenstände, Erfahrungen und Gefühle, genauso wie ein roter Strich das Symbol für eine Straße ist. Das Wort ist nicht das Ding, ebenso wenig wie die Landkarte das Gelände ist. Das Wort Haus besteht aus den Buchstaben H A U S. Das Haus als Ding selbst besteht jedoch nicht aus diesen Buchstaben. Das Wort beschreibt also etwas, von dem wir überzeugt sind, daß es wirklich existiert. Das Wort ist ein Symbol. Aber selbst bei so eindeutigen Begriffen wie Haus, hat jeder Mensch eine andere Vorstellung, ein anderes Bild im Kopf: Eine Villa, ein Hochhaus, ein Landhaus, eine Hütte... und selbst die Villen sehen unterschiedlich aus. Trotzdem sprechen wir alle von einem Haus. Haus ist ein Oberbegriff für viele völlig unterschiedliche Gebäude. Erst eine nähere Beschreibung kann unsere Erfahrung und Vorstellung ›Haus‹ einer anderen Person näher bringen: Das Haus ist weiß, es liegt auf einem Hügel mit Blick auf den See, auf der Vorderseite hat es einen großen Balkon... Aber selbst ein Photo kann einem anderen nicht die Erfahrung vermitteln, die wir selbst mit diesem Haus gemacht haben: wie das Wetter war, in welcher Verfassung man selbst war u. ä. Eine gewisse Annäherung ist zwar möglich, aber wir können nie sicher sein, daß man uns vollkommen versteht und unsere Erfahrung nachvollziehen kann.

Übertragen wir diese Tatsache auf abstraktere Begriffe wie Freundschaft, Rücksicht, Geborgenheit, Liebe, wird deutlich, wie groß die Möglichkeiten für Mißverständnisse und unterschiedliche Wahrnehmungen sein können.

Der Begriff Liebe kann viele Bedeutungen haben. Für einen Menschen kann ein Aspekt im Vordergrund stehen, der für den anderen vollkommen unbedeutend ist. Liebe, das kann Zuneigung, Treue, Sicherheit, Sexualität, Gemeinsamkeit, Fürsorge, Geborgenheit und anderes mehr sein.

Zwei Menschen, die dieselben Worte benützen, können also etwas vollkommen anderes damit meinen.

Die Selbstverständlichkeit, mit der wir Sprache als gemeinsames Kommunikationsmittel benützen, verschließt oft unseren Blick dafür, daß wir nur über denselben Begriff reden, aber etwas anderes darunter verstehen. Wir sprechen über dieselbe Landkarte – aber wenn wir uns auf der Straße befinden, sieht der eine nur die Straße, ihren Verlauf, ihre Beschaffenheit, der andere nur die

Gegend links und rechts der Straße. Die Blickrichtung ist eine andere, die Erfahrungen und Empfindungen stimmen nicht überein.

Sprache bildet aber nicht nur die reale Welt ab, sie wirkt auch sehr direkt auf uns.

Wenn uns jemand beschimpft, kann er damit bei uns Zorn, Wut oder Ärger auslösen, obwohl er nichts ›tut‹, sondern ›nur‹ Worte benützt. Worte können Gefühle und körperliche Empfindungen auslösen: Die Wut schlägt uns auf den Magen und wir bekommen Magenschmerzen.

Besonders stark ist dieses Phänomen in der Hypnose: Wenn man einer Person suggeriert, sie hätte eine glühende Münze in der Hand, entwickelt diese – als körperliche Reaktion auf die Vorstellung – eine Brandblase.

Wir reagieren auf das Wort genauso wie auf das Ding selbst. Wörter können als Signale dienen, die zu einer bestimmten körperlichen und/oder seelischen Reaktion führen.

So verbinden wir oft mit einzelnen Wörtern bestimmte Erfahrungen und Erinnerungen. Hören wir z. B. einen Ortsnamen, denken wir sofort an unser letztes Erlebnis dort und sind positiv oder negativ gestimmt.

Auch Worte, die an sich nur Symbole für etwas darstellen wie z. B. Auto und keine direkte Wirkung haben (außer, daß sie vielleicht eine bildliche Vorstellung bei uns hervorrufen), können bei häufiger Wiederholung mit positiven und negativen Erlebnissen zu Signalen werden, auf die wir reflexartig reagieren. Dieser Mechanismus wird häufig in der Werbung eingesetzt: Wir sehen ein bestimmtes Symbol, Bild oder eine bestimmte Farbkombination und verbinden damit automatisch ein bestimmtes Produkt.

Die individuellen Assoziationen, die wir im Laufe unseres Lebens zu verschiedenen Worten gewonnen haben, beeinflussen unsere Kommunikation nachhaltig. Sie schränken unsere Wahrnehmung ein, da wir zu sehr durch die Vergangenheit beeinflußt werden.

1.3. Worte – Filter unserer Wahrnehmung

Worte sind die Verbindungsglieder zwischen uns und der Realität. Mit Hilfe von Worten können wir die Welt beschreiben. Dabei beeinflußt die Sprache aber unsere Möglichkeiten. Wir können nur das beschreiben, wofür wir Worte haben. Jede Sprache hat sich im Laufe der Zeit nach den Bedürfnissen ihrer Benützer entwickelt. Während die Eskimos etwa 30 verschiedene Bezeichnungen für Schnee haben, haben Wüstenvölker etwa genausoviele Wörter für Sand und Schutt. Der Schnee hat im Leben der Eskimos eine zentrale Bedeutung. Dementsprechend ist ihre Wahrnehmung von Schnee auch genauer und detaillierter. Schon ein begeisterter Schifahrer wird mehr Arten von Schnee unterscheiden als ein Mensch, für den Schnee keine Bedeutung hat.

Die Sprache beeinflußt somit unsere Wahrnehmung. Manche Dinge nehmen wir genauer wahr und haben auch die entsprechenden Worte dafür, andere übersehen wir, weil sie nicht wichtig für uns sind, aber auch weil wir keine Worte dafür haben. Sprachen unterscheiden sich außerdem in ihrem Aufbau und in ihrer Struktur. So gibt es z. B. im Indonesischen keine Vergangenheit oder Zukunft.

Menschen, die eine Sprache benutzen, passen auch ihre Wahrnehmung dieser Sprache an. Durch die Ausdrucksmöglichkeiten, die uns eine Sprache bietet, wird unsere Wahrnehmung gefiltert und in bestimmte Kanäle geleitet.

Der Gebrauch der Sprache zwingt uns zur Vereinfachung und zur Verallgemeinerung. Worte sind Symbole für jeweils eine Art von Dingen, aber es gibt nicht für jedes einzelne Ding ein eigenes Wort. Ein Wort steht auch für eine Empfindung oder ein Gefühl, das sehr viele Nuancen und Ausprägungen haben kann. So kann z. B. Angst sehr viele Schattierungen haben und in unterschiedlicher Intensität auftreten: Angst vor Schlangen, Angst vor dem Lehrer, Angst vor dem Alleinsein, Angst vor der Zukunft, Angst vor körperlicher Gewalt... Alle diese Gefühlszustände beschreiben wir mit dem Wort Angst. Aber Angst ist an sich etwas sehr Subjektives, läßt sich nur schwer beschreiben und kaum vergleichen.

Oft verbinden wir Worte mit bestimmten Bewertungen: Liebe ist etwas Positives, Egoismus etwas Negatives. Während wir einen Freiheitskämpfer bewundern, verurteilen wir einen Terroristen – obwohl beide vielleicht die gleichen Ziele und Methoden haben. Unsere eigene Rüstung wird lediglich als eine Nach-Rüstung bezeichnet, die unseres Gegners aber als Auf-Rüstung. Die Wahl der Worte beeinflußt unsere Wahrnehmung und Bewertung. Bei der Schönfärberei werden negative Dinge weniger negativ geschildert: Statt Preissteigerung spricht man von Preisangleichung. Bei der Schwarzmalerei werden positive Dinge negativ beschrieben: Ein höheres Gesundheitsbewußtsein wird als Abkehr von der herkömmlichen Medizin bezeichnet.

Oft haben wir auch die ursprüngliche Bedeutung der Worte vergessen. Eine Ent-täuschung ist das Ende einer Täuschung und unsere Reaktion darauf müßte eigentlich Erleichterung sein. Man macht Fehler, weil einem etwas ›fehlt‹: Wissen, Möglichkeiten oder Fähigkeiten. Statt einem das ›Fehlende‹ zu geben, damit man den Fehler nicht nochmal macht, verurteilt man den anderen und bestraft ihn oft auch noch dafür.

Die Sprache schafft einen Teil unserer Welt. Wir gehen davon aus, daß es Dinge, für die wir Worte haben, auch gibt. Wir wollen Gerechtigkeit und sind enttäuscht, wenn man uns ungerecht behandelt. Aber gibt es überhaupt eine Gerechtigkeit? Wer bestimmt sie? Sprache kann also Wirklichkeiten auch erst schaffen.

Worte wirken wie das Etikett auf einer Weinflasche. Es enthält die Beschreibung des Weines, Werturteile über den Inhalt der Flasche, die wir für die objektive Realität halten. Damit nehmen wir oft nur das wahr, was der Erfinder dieses Etiketts wahrgenommen hat oder uns wahrmachen will. Wir übernehmen seine Wertung.

Sprache lenkt unsere Wahrnehmung, sie filtert gewisse Dinge aus. Dies ist ein ganz normaler Prozeß. Unsere Wahrnehmung funktioniert wie ein Scheinwerfer – es kann immer nur eine Sache im Lichtkegel stehen, alles andere liegt im Dunkeln. Aber man kann den Scheinwerfer schwenken und andere Dinge beleuchten. Unsere Wahrnehmung ist immer selektiv. Wenn wir Hunger haben, konzentrieren wir uns auf dieses Gefühl und können die schöne Landschaft um uns herum nicht wahrnehmen.

Jeder kennt dieses Phänomen: Man kauft sich ein Auto einer bestimmten Marke und plötzlich sieht man überall Autos diesen Typs. Dabei sind es sicher nicht auf einmal mehr geworden, sondern wir nehmen sie nur genauer und bewußter wahr.

Unsere Sprache bewirkt, daß wir in einer Realität leben, die der Beschreibung unserer Welt entspricht.
Castaneda beschreibt diesen Vorgang:
„Jeder, der mit einem Kind in Kontakt kommt..., er-

klärt die Welt unaufhörlich, bis zu jenem Augenblick, da das Kind die Welt so wahrnehmen kann, wie sie ihm erklärt wurde... Von (nun) an ist das Kind ein Mitglied. Es kennt die Beschreibung der Welt und es erreicht... die volle Mitgliedschaft, wenn es in der Lage ist, all seine Wahrnehmungen so zu deuten, daß sie mit diesen Beschreibungen übereinstimmen und sie dadurch bestätigen.« (S. 8)

Sprache prägt nicht nur unsere Wahrnehmung, sie prägt auch unser Denken, so führt z. B. die Ver-Dinglichung der Sprache dazu, daß wir Prozesse wie Dinge betrachten: Wir sagen: Ich habe ein Problem – wie wir sagen, ich habe ein Auto. Aber ein Problem ist kein reales Ding. Es kann ein bestimmter Mensch, eine bestimmte Situation oder ein bestimmter Aspekt sein, den die betroffene Person negativ wahrnimmt oder bewertet.

Probleme liegen nie in den Dingen selbst, sondern in unserem Umgang damit oder ihrer Wirkung auf uns. Diese Betrachtungsweise eines Problems hat natürlich auch Folgen für die Lösungsansätze: Das Problem muß weg – nicht: Man muß selbst etwas ändern.

Auch der Einfluß der Sprachstruktur auf unser Denken läßt sich aufzeigen. Der Satz »Der Baum spendet Schatten« wird in allen indo-germanischen Sprachen nach demselben Aufbau gebildet, ist aber im Grunde genommen falsch. Der Baum ist kein Täter, der den Schatten spendet, so wie der Reiche Geld spendet. Im Japanischen dagegen würde der Sachverhalt so ausgedrückt werden: Bei-Baum-Schatten-seiend, und die Hopi-Indianer würden sagen: Bei dem Baum schattet es.

Beim Gebrauch der Sprache sollten wir also stets vor Augen haben, inwieweit Sprache unsere Wahrnehmung filtert und auch unsere Denkstrukturen prägt.

1.4. Sprache allein genügt nicht immer

Eine Sprache ist ein in sich geschlossenes System zur Verständigung. Sie besteht aus Wörtern, die als abstrakte Begriffe für bestimmte reale Gegenstände, Tätigkeiten und Gefühle stehen. Die Anordnung dieser Wörter muß festgelegten Regeln – der Grammatik – entsprechen.

Reicht die Sprache allein nun als Verständigungsmittel aus? Sprache hat ein hohes Abstraktionsniveau, d. h. jeder Mensch verbindet mit den Wörtern andere – wenn auch oft ähnliche – Assoziationen, Empfindungen und Gefühle. Jeder hat einen anderen Erfahrungshintergrund.

Sprache ist zwar geeignet, Inhalte und Informationen mitzuteilen, die Bewertung und Bedeutung dieser Inhalte und Informationen werden jedoch meist auf einem anderen Kanal – dem der Körpersprache – vermittelt.

Sprache ist nur eine Möglichkeit der Kommunikation. Worte können sehr schnell zu leeren Hülsen werden. Mit Worten kann man täuschen und lügen. Worte allein können nicht alle Bedürfnisse erfüllen; z. B. das Bedürfnis nach Nähe und Zärtlichkeit. Worte werden oft manipulativ eingesetzt. Worte, die bei den meisten Menschen negative Assoziationen erwecken, können objektive Sachverhalte verzerren: Statt von Demonstranten wird von Chaoten gesprochen.

Bestimmte Nuancen der Sprache lassen sich durch Sprache allein nicht ausdrücken, wie Sarkasmus oder Ironie. Ob eine Aussage ironisch oder ernst gemeint ist, kann man durch die Worte allein nicht feststellen. Erst wenn ich mein Gegenüber sehe oder höre, kann ich seine Intention erkennen.

Sprache ist oft unvollständig und ungenau. Wir müssen ergänzen. So müßte die Antwort auf die Frage: »Wissen Sie, wie spät es ist?« ja oder nein lauten. Die Aufforderung: »Bitte sagen Sie mir die Uhrzeit« fehlt. Hier entstehen oft Schwierigkeiten, wenn jemand solche Fragen für sich nicht ergänzen kann, weil er die Absicht oder den Wunsch des anderen nicht kennt. Wir unterstellen ihm dann, daß er es nicht will oder daß er zu dumm ist, obwohl wir selbst daran schuld sind, weil wir falsch gefragt haben.

In manchen Situationen werden uns die Grenzen der Sprache bewußt: Uns fehlen die Worte, wir finden keine Worte, es verschlägt uns die Sprache, wir sind sprachlos. Unsere Empfindungen und Eindrücke sind so überraschend, schockierend, fremd oder unverständlich, daß wir nichts dazu sagen können. Gerade in solchen Situationen reagieren wir mit dem Körper: Reißen Augen und Mund auf... u. ä.

Häufig finden wir auch einfach nicht die richtigen Worte – Worte, die unmißverständlich das ausdrücken, was wir empfinden oder dem anderen mitteilen wollen. Es entstehen Mißverständnisse, die die Beziehung zu unserem Gesprächspartner stören, und da jeder Mensch ein individuelles Wesen mit seinen eigenen Erfahrungen, Vorstellungen, Erwartungen und Gefühlen ist, sind sie manchmal auch nur schwer zu beseitigen.

Die ausschließliche Verständigung mit Hilfe eines so abstrakten Systems wie der Sprache wäre ein sehr gewagtes Unterfangen.

Für eine vollständige und für beide Seiten befriedigende Kommunikation reicht Sprache allein sicher nicht aus.

2. Körpersprache

2.1. Der geheime Code

»Wir reagieren auf Gesten mit einer extremen Wachsamkeit und, man kann schon fast sagen, in Übereinstimmung mit einem ausgearbeiteten und geheimen Code, der nirgends aufgeschrieben ist, von niemandem gekannt wird und doch von allen verstanden wird« *Sapir 1927 (Übers. der Verf.)*

Was veranlaßt uns, einen fremden Menschen sympathisch oder unsympathisch zu finden? Warum vertrauen wir manchen Menschen nahezu blindlings und sind anderen gegenüber scheinbar grundlos mißtrauisch?

Was geschieht, wenn wir einem uns unbekannten Menschen das erste Mal begegnen?

Wir bekommen eine Fülle von Informationen. Wir registrieren beim Anblick der Person ihren Körperbau, ihre Körperhaltung, ihre Mimik und Gestik, ihren Tonfall und Sprachrhythmus, ihren Blickkontakt. Das alles passiert zwar hintereinander, vollzieht sich aber so schnell, daß wir unsere Wahrnehmung als gleichzeitig empfinden und vom ›ersten Eindruck‹ sprechen, den wir von einer Person haben. In Wirklichkeit ist es eine Aneinanderreihung von vielen Teil-Eindrücken.

Während wir aufhören können zu sprechen, können wir niemals aufhören, mit dem Körper zu kommunizieren. Wir geben immer Signale durch unsere Haltung, Bewegung, Mimik und Gestik. Auch eine steife Haltung oder ein maskenhafter Gesichtsausdruck ist ein Signal, das vom Gegenüber entsprechend der jeweiligen Situation eingeschätzt wird.

Wie entsteht diese Körpersprache, wie entschlüsseln und wie verstehen wir sie?

Körpersprache ist nur zum Teil angeboren. Sie wird zu einem großen Teil durch Information gelernt und mit Hilfe von Lob und Tadel verstärkt. Das Neugeborene zeigt zunächst nur reflexive Bewegungen, die eng mit den Körperreizen verbunden sind: Saugreflex, Atmung, Verdauung und Müdigkeit.

Bis zum 18. Monat entwickeln sich die grob- und feinmotorischen Fähigkeiten. Das Kind lernt krabbeln, sich aufrichten, sitzen, gehen und es lernt, seine Umwelt zu begreifen.

Die Lernfähigkeit eines Kindes findet auf drei verschiedenen Ebenen statt: Da ist das Lernen aufgrund körperlicher Erfahrungen. Die Erweiterung der körperlichen Funktionen und Bewegungen verhelfen zu neuen Wahrnehmungen von Raum, Zeit und eigener Kraft. Daraus entstehen dann neue körpersprachliche Signale.

Auch die seelischen Erfahrungen stehen im Zusammenhang mit dem Körper. Das Kind lernt körpersprachliche Äußerungen – wie z. B. ein Lächeln als Lob – intuitiv zu verstehen und richtig einzuordnen. Dieser enge Zusammenhang von körperlichen Reaktionen und Gefühlen ist in der Sprache in den vielen Redewendungen, die auf körpersprachlichen Signalen beruhen, bestehen geblieben: jemanden nicht ausstehen können, die Finger von etwas lassen u.ä.

Obwohl das Kind lernt, seine Gefühle verbal auszudrükken, zeigt sich ein großer Teil der Gefühle weiter körperlich, soweit es Erziehung und aktuelle Situation zulassen: die Nase rümpfen, den Mund verziehen u.ä.

Auch die geistige Erfahrung, die ein Mensch im Laufe seines Lebens macht, drückt sich körperlich aus. Der Wille, das Selbstvertrauen und die Konzentration lassen sich am Körper ablesen. Hier hat man besonders im Bereich der Körpertherapie interessante Aspekte entdeckt. Geistige Einstellungen zeigen sich am Körper: Ein Pessimist hat eine andere Körpersprache als ein Optimist. Die nach außen sichtbare geistige Haltung – die ›Ausstrahlung‹ – wirkt so für uns selbst manchmal unbemerkt auf unsere Umwelt. Die Umwelt reagiert darauf. Wir senden also Signale aus und beeinflussen damit die Reaktionen anderer.

Während Kinder in ihrer Körpersprache noch kaum verfälscht sind und sagen, was sie denken – sprachlich und körpersprachlich –, passen wir im Laufe unseres Lebens unsere Körpersprache bestimmten Regeln an. Rollenverhalten als Mann oder Frau, Anstandsregeln und Höflichkeitsformen führen dazu, daß wir einen Teil unserer ursprünglichen körpersprachlichen Signale versuchen zu kontrollieren oder gar verleugnen, wenn sie doch auftreten. Beispiele dafür gibt es viele: man gähnt nicht, man starrt niemanden an, kratzt sich nicht, verzieht nicht das Gesicht oder bohrt in der Nase.

Körpersprache ist eine sehr vielschichtige Ausdrucksform. Sie begleitet jede sprachliche Äußerung, verstärkt, verändert oder entkräftigt sie. Sie kann aber auch unabhängig von der Wortsprache eingesetzt werden oder sie ersetzen.

Auch beim Erwachsenen ist Körpersprache auf der körperlichen, seelischen und geistigen Ebene wirksam. Körpersprachliche Signale können lediglich ein Ausdruck körperlicher Empfindungen sein: Wenn ich müde bin, gähne ich, wenn etwas schlecht riecht, rümpfe ich die Nase, wenn mich die Sonne blendet, kneife ich die Augen zu oder blinzele. Die Bedeutung dieser Signale liegt also nur in der Reaktion auf konkrete körperliche Reize.

Körpersprachliche Signale, deren Bedeutung ursprünglich nur mit körperlichen Empfindungen zu tun hatten, können auf zwischenmenschliche Beziehungen übertragen werden. Ich rümpfe die Nase, wenn ich mich in Gegenwart einer Person nicht wohl fühle – so als hätte ich einen schlechten Geruch in der Nase, ich beginne zu gähnen, weil mich ein Vortrag langweilt und ich müde werde.

Nicht zuletzt spiegelt sich meine geistige Einstellung in der Körpersprache wider. Der Ängstliche sieht überall Gefahren, geht langsam und vorsichtig an die Dinge heran und drückt dies auch in seinem Gang, seiner Haltung und seinen Bewegungen aus.

2.2. Intuition oder Wahrnehmung?

Körperliche Signale werden viel schneller und instinktiver wahrgenommen als sprachliche Signale. Untersuchungen ergaben, daß bereits 1/24 Sekunde ausreicht, um Gesichtsausdrücke zu über zwei Dritteln richtig wahrzunehmen und zu identifizieren. Oft bezeichnen wir es als ›Intuition‹, wenn wir in einer Situation etwas empfinden, was zwar keiner sagt, das sich aber später als richtig herausstellt.

Diese Intuition ist oft nur die unterschwellige und unterbewußte Wahrnehmung – manchmal nur winziger – körpersprachlicher Signale.

Wir fühlen uns nicht willkommen und abgelehnt, obwohl er sagt, wie sehr er sich freut, uns zu sehen.

Wir spüren, daß sie traurig ist, obwohl sie versichert, wie gut es ihr geht.

Wir bemerken eine gewisse Nervosität bei einer Person, die sich sehr selbstsicher gibt.

Würden wir bewußter und genauer auf die Körpersprache achten, könnten wir erkennen, daß sich die verbalen und körpersprachlichen Signale dieser Botschaften widersprechen:

Er sagt zwar, daß er sich freut uns zu sehen; seine abweisende Körperhaltung, sein erzwungenes Lächeln, das Vermeiden eines längeren Blickkontaktes, sagt uns etwas anderes.

Sie beteuert zwar, wie gut es ihr geht, ihre eingefallene Haltung, ihr trauriger Blick, ihr gesenkter Kopf vermitteln uns einen anderen Eindruck.

Eine Person steht in ihrer Körperhaltung, Gestik und Sprache sehr sicher hinter dem Rednerpult, nur die hektischen Bewegungen ihrer Füße – für die Zuhörer nicht sichtbar – verraten ihre Nervosität.

In diesen Fällen registrieren wir sofort, daß etwas nicht stimmt. Wir trauen der Situation und unserem Gegenüber nicht so recht, ohne genau zu wissen warum.

Da diese Intuition oft ihre konkreten Gründe hat und meist nicht aus der Luft gegriffen ist, tun wir auch gut daran, sie zu beachten und zu überprüfen.

Ein Beispiel, wie man sich diese feine Wahrnehmung zunutze machen kann, ist das Pokerspiel. Wenn das Auge etwas Angenehmes oder Erfreuliches (etwa ein ›gutes Blatt‹) wahrnimmt, weitet sich unbewußt die Pupille. Dieser Vorgang läßt sich nicht bewußt steuern und wird auch selten bewußt wahrgenommen. Beim Pokerspiel ist es nun durchaus möglich, daß ein Spieler unbewußt diese Reaktion seines Gegners wahrnimmt, ihn daher einschätzen kann und das Spiel gewinnt. Dabei muß sich keiner der beiden Spieler dieses Vorgangs bewußt sein. Weder bemerkt der eine die Veränderung seiner Pupillen, noch erkennt der andere seine Fähigkeit, auf die Veränderung zu reagieren. Wir reagieren also oft unbewußt auf ihrerseits wiederum unbewußt gesendete körpersprachliche Signale.

Viele unerklärliche Vorgänge und Geschehnisse lassen sich auf diese Weise erklären.

Ein Beispiel dazu hat der deutsche Psychologe Pfungst 1907 in seinem Buch über ›Das Pferd des Herrn von Osten – der kluge Hans‹ beschrieben.

Dieses Pferd, der kluge Hans, erregte damals große Aufmerksamkeit in der Öffentlichkeit aufgrund seiner außerordentlichen Klugheit. Hans beherrschte die Grundzahlen von 1 bis 100, konnte Objekte verschiedener Art, z. B. Personen, Hüte und Schirme zählen. Der Wert sämtlicher deutscher Münzen sowie die Bedeutung der Spielkarten war ihm geläufig. Hans hatte den gesamten Kalender des laufenden Jahres im Kopf, konnte die deutsche Schrift fließend lesen, indem er sofort, nachdem man ihm ein Wort genannt hatte, auf die entsprechende Tafel zuging und sie mit der Nase berührte. Hans besaß zudem ein absolutes musikalisches Tonbewußtsein – nur eines konnte er nicht: sprechen. Sein häufigstes Ausdrucksmittel war das Aufklopfen mit dem rechten Vorderfuß.

Der Psychologe Pfungst versuchte durch ein systematisches Vorgehen die Ursache dieser außergewöhnlichen Leistungen zu ergründen. Dabei stellte er zuerst fest, daß Hans seine Leistungen zwar bei verschiedenen Personen erbrachte, jedoch dann versagte, wenn der Fragesteller selbst die Antwort auf seine Frage nicht wußte. Damit wurde seine Vermutung, daß Hans nicht selbständig denken konnte, sondern sich nach bestimmten Zeichen richtete, untermauert. Hans beantwortete auch die Fragen richtig, die der Fragesteller nur innerlich gedacht, aber nicht laut ausgesprochen hatte. Richtet sich das Pferd also nach bestimmten Zeichen, so müssen diese bei der Beantwortung der Frage angegeben werden. Daß es sich bei diesen Zeichen um optische Signale handelt, wurde ersichtlich, als Hans versagte, wenn man ihm Scheuklappen anlegte und er den Fragesteller daher nicht mehr sehen konnte. Welche optischen Signale wurden nun abgegeben? Weitere Beobachtungen ergaben, daß die wirksamen Zeichen minimale Kopfbewegungen waren. Wurde die Aufgabe gestellt, beugten die Fragesteller ihren Kopf und Oberkörper etwas nach vorne (wohl auch, um die Antwort zu sehen, die Hans mit seinem Vorderfuß gab). Das Pferd begann den rechten Vorderfuß vorzusetzen und zu klopfen. War die richtige Anzahl erreicht, machten die Fragesteller mit ihrem Kopf einen minimalen Ruck zurück. Das Pferd hörte auf zu klopfen und brachte seinen Fuß in die Ausgangsstellung zurück. Zusätzliche Beobachtungen bestätigten die Tatsache, daß das Pferd auf diese minimalen Signale reagierte.

Spätere Untersuchungen im Labor und somit unter kontrollierten Bedingungen bewahrheiteten die Hypothese dieser minimalen Ausdrucksbewegungen, auf die Menschen genauso wie ein Pferd reagieren. Sind minimale, unwillkürliche Ausdrucksbewegungen der Schlüssel für die Erfolge von Gedankenlesern und Hellsehern und der Grund für unsere manchmal unerklärlichen Intuitionen?

Äußert sich vielleicht jeder Gedanke, jede Vorstellung auch in minimalen Muskelbewegungen? Wieviele Informationen gehen uns dadurch verloren, daß wir unsere Wahrnehmung nicht besser für diese winzigen Bewegungen schulen und erweitern?

Eine große Schwierigkeit, körpersprachliche Signale wahrzunehmen, besteht auch darin, daß sie meist gleichzeitig mit sprachlichen Signalen auftreten. Während die sprachliche Kommunikation in der Regel aus einem Nacheinander von Hören und Sprechen (Antworten) besteht, empfangen wir eine körpersprachliche Botschaft und reagieren sofort darauf, d. h. wir senden ein entsprechendes Signal. Da körpersprachliche Signale zudem noch unwillkürlich und unbewußt gesendet werden, ist es oft unmöglich, die Wechselwirkung der Botschaften beider Partner zu ergründen und festzustellen, wer auf wen reagiert.

Man könnte sich z. B. folgenden Ablauf vorstellen: Eine Person erzählt mir etwas für sie sehr Wichtiges. Während sie spricht, blicke ich nach unten zu meinen Füßen, da mich mein Schuh drückt. Der andere interpretiert diesen Blick sofort als fehlendes Interesse und hört auf zu sprechen. Er ist verletzt, da ich ihm scheinbar nicht zuhöre.

So könnte sich im weiteren Verlauf ein ernsthafter Konflikt ergeben, deren Ursache beiden Partnern nicht bekannt ist.

Die Bedeutung der körpersprachlichen Signale ist natürlich stark von der jeweiligen Situation abhängig. Unterstützt die Körpersprache die sprachlichen Äußerungen, so messen wir ihr keine besondere Aufmerksamkeit zu. Anders ist es, wenn wir uns unsicher sind, wenn wir auf die Zustimmung oder Ablehnung einer anderen Person angewiesen sind. Dann werden wir umso genauer auf ihre Körpersprache und die damit abgegebenen Informationen achten.

Ebenso achtet man bei Menschen, die wenig körpersprachliche Signale zeigen, sorgfältiger auf kleinste Veränderungen. Wenn jemand sonst ›keine Miene verzieht‹, wird ein geringes Zucken der Mundwinkel oder der Anflug eines Lächelns als Zustimmung oder Freude interpretiert.

In manchen Ländern spielt die Augensprache eine sehr große Rolle. Gerade in arabischen Ländern, in denen sich die Frauen nur vollkommen verschleiert zeigen, wird sie sehr viel häufiger ›gesprochen‹ und ›verstanden‹, sind doch die Augen zum Hauptverständigungsmittel – neben der Sprache – geworden.

2.3. Irren ist menschlich

Nehmen wir einmal an, Sie hätten durch wiederholte Erfahrungen und theoretisches Wissen gelernt, daß vor dem Körper verschränkte Arme signalisieren, daß sich eine Person gegenüber ihrer Umwelt verschließt, nichts an sich herankommen lassen will. Auch wenn diese Beobachtung und Interpretation in der Vergangenheit tausendmal richtig war, heißt das nicht, daß sie auch bei der nächsten Person, die Sie mit verschränkten Armen sehen, stimmt.

Die Wahrscheinlichkeit, daß verschränkte Arme die Information des sich Verschließens beinhalten, ist zwar sehr hoch, aber eine Garantie für die Richtigkeit der Interpretation gibt es nicht. Es gibt gewisse Regelmäßigkeiten, die aber nur Beschreibungsversuche darstellen und nicht die Forderung nach uneingeschränkter Gültigkeit enthalten.

Wenn ich körpersprachliche Signale wahrnehme und glaube sie richtig verstanden zu haben, kann mir letztlich nur eine Kontrolle Aufschluß darüber geben, ob ich Recht habe oder mich täusche. Denn die Fehlerquellen sind vielfältig: Wenn man nur ein einziges Signal übersieht, kann man die Gesamtsituation völlig anders wahrnehmen. So kann uns ein Bekannter im Vorübergehen durch ein kurzes Kopfnicken grüßen. Übersehen wir dieses Signal, könnten wir den Eindruck haben, er ist nicht gut auf uns zu sprechen, er beachtet uns nicht, er lehnt uns ab.

Bestimmte Signale können für andere Menschen, besonders aus anderen Kulturkreisen, eine andere Bedeutung haben. Ein eindrucksvolles Beispiel ist das Kopfnicken der Inder, das für sie ›Nein‹ bedeutet, während es in den meisten anderen Kulturen ein unmißverständliches Zeichen für ›Ja‹ ist.

Weiter können wir ein Signal fälschlicherweise auf die aktuelle Situation beziehen. So ist unser Gegenüber vielleicht gedanklich gerade mit einem für ihn wichtigeren Problem beschäftigt, und wir fühlen uns abgelehnt oder zurückgewiesen.

Oft lösen auch Wörter oder Situationen bei anderen Menschen Assoziationen aus, die mit uns und der augenblicklichen Situation nichts zu tun haben. So taucht bei einem bestimmten Namen bei unserem Gegenüber eine sehr unangenehme Erinnerung auf, die er auch körpersprachlich ausdrückt.

Schließlich können körpersprachliche Signale auch gar keine Bedeutung haben: »Ich blinzele nur, weil mich die Sonne blendet«, oder: »Ich verschränke meine Arme, weil es mir kalt ist.«

Es gibt also auch für den Geübten keine Garantie oder Sicherheit, Körpersprache richtig zu deuten.

Die Konsequenz davon ist, daß man jeden Eindruck erst kontrollieren muß, bevor man ihn als richtig einstuft. Welche Möglichkeiten der Kontrolle hat man?

Zunächst einmal kann man eine offene Frage stellen, d. h. eine Frage, die sich nicht nur mit ja oder nein beantworten läßt: z. B. »Wie empfinden Sie das?« Diese Art von Fragen fordert vom Gefragten eine Meinungsäußerung, und je mehr er dazu sagt, um so größer sind die Chancen festzustellen, ob dieser Eindruck richtig ist. Dabei kann man sowohl auf den Inhalt der Antwort, als auch auf die Art, wie der andere spricht und damit wiederum auf seine Körpersprache achten. Wichtig dabei ist, daß die Fragestellung ermunternd und auffordernd, aber nicht zwingend ist, z. B. »Wie sehen Sie das? Wie ist Ihre persönliche Meinung dazu?«

Leider neigen wir oft dazu, Suggestivfragen zu stellen, wie »Das ärgert Sie doch sicher auch.« Als Kontrollfrage zur richtigen Deutung der Körpersprache ist diese Art der Fragestellung sicher nicht geeignet, ermöglicht sie doch eigentlich nur ein Ja als den Weg des geringsten Widerstandes (der andere fragt bestimmt nicht weiter) und als Zeichen der Sympathie mit dem Fragesteller, während ein Nein wahrscheinlich weitere Auseinandersetzungen nach sich zieht.

Eine sehr große Schwierigkeit liegt darin, daß körpersprachliche Signale häufig unbewußt gesendet werden und manchmal eine Empfindung widerspiegeln, die der Betroffene gerade nicht zeigen will. Spricht man ihn nun darauf an, fühlt er sich vielleicht ertappt und durchschaut. Je nachdem, wie ›gefährlich‹ und unangenehm ihm seine Empfindungen sind, wird er sie zugeben oder abstreiten.

Angenommen Sie sind zum Essen eingeladen und wissen, daß sich Ihre Gastgeberin besonders viel Mühe mit der Zubereitung des Essens gegeben hat. Es schmeckt Ihnen aber überhaupt nicht. Werden Sie nun direkt darauf angesprochen, wie es Ihnen schmeckt, werden Sie kaum die Wahrheit sagen. Sie wäre zu verletzend und enttäuschend. So werden Sie wahrscheinlich auch bei weiterem Nachfragen nicht zugeben, wie schlecht Ihnen das Essen schmeckt. Der Grad der Offenheit hängt dabei natürlich stark von der Beziehung ab, die man zu seinem Gegenüber hat. Je formeller und distanzierter eine Beziehung ist, umso vorsichtiger wird man sein. Besteht dagegen eine völlig unpersönliche Beziehung wie im Restaurant, ist es einfacher, seine Meinung zu äußern. Bei sehr engen Beziehungen kann Offenheit und Ehrlichkeit wiederum besonders verletzend wirken.

Dieses Beispiel sollte deutlich machen, daß es durchaus vorkommen kann, scheinbar eindeutige körpersprachliche Signale wahrzunehmen, sie anzusprechen und dann vom

Betroffenen zu erfahren, daß die eigene Wahrnehmung ›vollkommen falsch‹ ist. Es ist sehr schwer – manchmal einfach unmöglich – zu unterscheiden, inwieweit eigene Erfahrungen, Erwartungen, Ängste und Vorurteile die Wahrnehmung beeinflussen, oder inwieweit der andere – aus welchen Gründen auch immer – seine ›wahren‹ Gefühle verleugnet.

Auch eine ›geschlossene Frage‹ kann der Kontrolle bei der Interpretation von Körpersprache dienen. Geschlossene Fragen, wie »Das macht dich wohl wütend?«, fordern aber eine gezielte Stellungnahme des Betroffenen und sind nur dann sinnvoll, wenn ein offenes Gesprächsklima und eine vertrauensvolle Beziehung zwischen beiden Gesprächspartnern besteht. Sonst können schnell Widerstände und Abwehrhaltungen entstehen, und die Frage kann, obwohl ›objektiv‹ vielleicht durchaus berechtigt, als ein Eingriff in die Intimsphäre angesehen werden. Leider ist es in unserer Gesellschaft sehr verbreitet, seine Gefühle hinter dem Deckmantel rein sachlicher Gespräche zu verbergen. ›Sachdiskussionen‹ sind aber oft bei genauerem Hinsehen ein Schlachtfeld persönlicher Machtkämpfe, bei denen Sachfragen eigentlich im Hintergrund stehen und nur Mittel zum Zweck sind.

Das Zugestehen der dahinterliegenden Gefühle erfordert jedoch eine gewisse Bereitschaft, sich mit sich selbst und den anderen auseinanderzusetzen; und wenn diese Bereitschaft fehlt, werden auch Kontrollfragen selten zum Erfolg führen.

Die beste Methode der Erfolgskontrolle ist das Schweigen. Schweigen ist für die meisten Menschen schwer zu ertragen. Wir sind es gewohnt zu sprechen oder etwas zu tun, wenn der andere schweigt. Schweigen auszuhalten ist nicht leicht, denn man spürt einen immer stärker werdenden Druck, und eine Minute Schweigen erscheint als Ewigkeit. Gerade wenn sich beim Gesprächspartner bereits Widerstände aufgebaut haben, kann eine Pause ihn dazu anregen, seine Ablehnungen zu erklären und zu begründen oder selbst Fragen zu stellen. Wie wirkungsvoll diese Methode sein kann, beweisen die Psychoanalytiker, bei denen das Schweigen des Therapeuten ein wichtiger Bestandteil der Therapie ist.

Natürlich muß jeder selbst entscheiden, welche Methode der Erfolgskontrolle er, je nach Situation, und den beteiligten Personen anwendet. Im privaten Bereich sind dabei sicher andere Methoden angebrachter als im beruflichen Bereich. Aber es gilt stets aufs Neue abzuwägen, wie man Irrtümer, die durch eine falsche Interpretation der Körpersprache entstehen können, vermeiden oder revidieren kann, bevor sie in der Folge größeren Schaden anrichten.

2.4. ›Wörterbuch‹ der Körpersprache

Kann man für die Körpersprache wie für die meisten Sprachen ein Wörterbuch, gewissermaßen ein Nachschlagwerk erstellen?

In den vergangenen Jahren hat sich eine eigene Wissenschaft von der Körpersprache – die Kinesik – entwickelt, die sich mit der Darstellung und Erforschung der Körpersprache befaßt.

Dabei wurde auch versucht, ein Begriffssystem für die Kinesik auszuarbeiten, in dem man alle wichtigen Bewegungen auf ihre Grundeinheiten reduzierte und ihnen verschiedene Symbole gab. So gibt es z. B. ein Symbol für ein geöffnetes Auge ⬭ und ein Symbol für ein geschlossenes Auge — . Das Blinzeln mit dem rechten Auge läßt sich also so darstellen: — ⬭

Grundvoraussetzung für ein solches Begriffssystem ist jedoch, daß alle Bewegungen des Körpers eine Bedeutung haben. Nur wenn man das zugrunde legt, kann man die einzelnen Bewegungen und ihre Bedeutungen untersuchen, katalogisieren und benennen. Diese Grundvoraussetzung ist jedoch, wie schon mehrfach dargestellt, nicht immer gegeben. Wenn ich mich an der Nase reibe, dann kann das ein Zeichen von Nichtübereinstimmung sein. Es kann aber auch sein, daß meine Nase einfach juckt. Wenn ich die Augen zukneife, kann das ein Zeichen von Nachdenklichkeit oder Mißtrauen sein, es kann aber auch sein, daß mich nur die Sonne blendet.

Die Analyse einzelner Bewegungseinheiten ohne Einbeziehung der Gesamtsituation ist daher manchmal wenig sinnvoll. Wichtiger ist es, nicht nur vollständige Bewegungsmuster zu analysieren, sondern dabei auch die Situation, in der sie auftreten, sowie die gesprochenen Worte, die sie begleiten, zu berücksichtigen. Körpersprachliche Signale sind meist situationsabhängig. Anhand ihrer Beschreibung allein kann man nicht die jeweils relevante Bedeutung erfassen.

Weiter braucht man bei der Beschreibung einzelner Bewegungen anhand von Symbolen einen Bezugspunkt – gewissermaßen einen Nullpunkt. Denn, was ist z. B. eine ›enge‹ Sitzhaltung oder ein ›langer‹ Blick? Lassen sich die Signale an bestimmten Standards messen, und wenn ja, an welchen? Hier bestehen nicht nur große kulturelle Unterschiede, sondern auch Unterschiede nach Alter, Geschlecht, Religion und der Zugehörigkeit zu einer bestimmten sozialen Schicht.

Wichtig ist ferner die Unterscheidung, ob es sich bei dem entsprechenden Signal um ein angeborenes oder ein erlerntes Signal handelt. Erlernte Signale haben natürlich in der Kultur und Gesellschaft, in der sie gelernt wurden, eine bestimmte Bedeutung, die in einem anderen Kulturkreis völlig anders sein kann. Und bis heute sind sich die Wissenschaftler nicht einig, ob es überhaupt universelle körpersprachliche Signale gibt.

In diesem Zusammenhang ist es interessant, daß Menschen, die zweisprachig aufgewachsen sind, auch ihre Körpersprache verändern, wenn sie von einer Sprache zur anderen wechseln. Sprachen sind oft mit einer speziellen Körpersprache gekoppelt. So gehört zu manchen Sprachen eine ausgeprägte Gestik (z. B. bei den Italienern) oder eine detaillierte Augensprache.

Analysieren wir Bewegungsabläufe und zerlegen sie in ihre Einzelbewegungen – was mit Hilfe von Filmaufnahmen in Zeitlupe geschieht –, stellt sich die Frage, wie wichtig diese zum Teil winzigen Einzelbewegungen eigentlich für die Kommunikation sind. Kann eine Bewegung, die das menschliche Auge unter normalen Umständen nicht wahrnimmt, überhaupt noch eine Bedeutung haben?

Zahlreiche Untersuchungen über die unterschwellige Wahrnehmung (wie auch das bereits beschriebene Beispiel vom ›klugen Hans‹) haben ergeben, daß Bilder, die für die bewußte Wahrnehmung des Auges zu kurz ausgestrahlt wurden, häufig unbewußt erkannt und verarbeitet werden. Diese Tatsache versuchte man sich auch in der Werbung zunutze zu machen, indem man in einem Film Bruchteile von Sekunden das Bild eines Produktes zeigte, und den Zuschauer damit unbewußt dazu anregte, das entsprechende Produkt zu konsumieren oder beim nächsten Mal zu kaufen. Diese Art der Werbung wurde jedoch verboten. Man kann sich die Möglichkeiten und Folgen politischer Beeinflussung vorstellen.

Für die Erforschung der Körpersprache mag dieses Vorgehen, bei dem der Forscher oft monatelang mit der Analyse der kleinsten Signal-Elemente eines Minuten-Filmstreifens beschäftigt ist, ja noch sinnvoll sein, für die tägliche Praxis jedoch ist es nicht geeignet.

Eine andere Möglichkeit, Körpersprache systematisch zu erfassen, ist die Zuordnung körpersprachlicher Signale zu bestimmten Kategorien. Diese Methode ist zwar sehr viel ungenauer, und manche Signale können nicht eindeutig zugeordnet werden, sie ist aber für das tägliche Leben, für unsere ›live‹-Beobachtungen wesentlich geeigneter. Sie ermöglicht eine schnelle, wenn auch grobe Analyse.

Auch hier gibt es verschiedene Kategorien. Die gebräuchlichsten sind: Gesichtsausdruck (Mimik), Blickkontakt, Gestik, Körperhaltung und Sprechverhalten (Tonfall). Weitere Differenzierungen, die auch in diesem Buch angesprochen werden, sind Raumverhalten, Umgang mit der Zeit, Kleidung, Berührung.

Diese Kategorien lassen sich natürlich, je nach der Zielsetzung der Beobachtung, weiter differenzieren. So kann z. B. das Lächeln eine eigene Kategorie bilden, wenn es für den Zweck der Untersuchung sinnvoll ist.

Je größer die Differenzierung jedoch wird, um so schwieriger ist auch die Zuordnung.

Die Voraussetzung für eine schnelle und richtige Zuordnung ist eine gute und gezielte Wahrnehmung. Erst wenn die Wahrnehmung geschult ist, ist die entsprechende Zuordnung möglich. Um die sonst häufig intuitiv und unbewußt ablaufenden Interpretationen besser in das analytische und bewußte Denken zu übertragen, ist es wichtig, die Beobachtungs- und Bewertungsprozesse in Worte zu fassen. Erst die Umsetzung nichtsprachlicher Signale in unsere Wortsprache ermöglicht die bewußte gedankliche Analyse.

Dazu gibt es folgende Übungen:

Betrachten Sie ein Bild oder Foto mit verschiedenen Personen, und versuchen Sie sämtliche körpersprachliche Signale in Worten auszudrücken. Z. B.: »Der Mann steht etwas abseits und blickt zu der Frau links von ihm, seinen rechten Arm hat er auf eine Mauer aufgestützt, sein linker Arm ist hinter seinem Körper, sein Blick fällt auf die Frau...«

In einer weiteren Übung können Sie versuchen zu beschreiben, wie dieser Mann steht: gelassen, steif, locker, gespannt... oder wie sein Blick ist: erwartungsvoll, offen, leer...

Hier wird es schon schwieriger, und Sie müssen interpretieren, ohne eine Kontrollmöglichkeit zu haben. Ein lautes Aussprechen unserer Bewertungen ist besser und präziser als ein vages innerliches Bewußtsein. Um die körpersprachlichen Signale anderer zu verstehen, müssen wir uns zuerst unserer eigenen Körpersprache bewußter werden. Ein-fühlungs-vermögen bedeutet, daß wir die Fähigkeit besitzen, uns in eine andere Person hineinzuversetzen. Bestimmte Körperhaltungen sind meist mit entsprechenden Gefühlen verbunden.

Jemand, der mit verschränkten Armen und Beinen auf einem Stuhl sitzt, den Oberkörper nach vorne gebeugt hat und den Blick nach unten senkt, kann sich nicht entspannt und offen fühlen. Probieren Sie es einmal aus. Nehmen Sie ganz bewußt bestimmte Körperhaltungen ein, und achten Sie auf Ihr Gefühl dabei.

Ein-fühlen ist die Voraussetzung für Selbsterkenntnis und Menschenkenntnis. Theorie ist dabei eine wichtige Grundlage. Viel wesentlicher jedoch ist die richtige Umsetzung. Je mehr man sich selbst beobachtet und wahrnimmt, welche Signale man aussendet und wie man sich dabei fühlt, um so besser kann man auch andere Menschen verstehen.

Körpersprache ist eine komplizierte und unstrukturierte Sprache. Deshalb kann es auch kein Wörterbuch geben, in dem man die richtige Interpretation eines körpersprachlichen Signals nachlesen kann. Man sollte sich vor den vielen angebotenen – scheinbar allgemeingültigen – Interpretationen hüten. Sie können uns nur als Hilfen oder Anregungen dienen. Körpersprache muß man er-fühlen und er-schließen. Sie läßt sich nicht wie Vokabeln auswendig lernen.

2.5. Höflich oder ehrlich?

Eine gezielte Wahrnehmung und Beschreibung der Körpersprache ist zwar wichtig, aber wir brauchen stets auch einen Bewertungsmaßstab, anhand dessen wir das gezeigte Verhalten beurteilen können. Jeder Mensch hat dabei andere Kriterien, die für ihn wichtig sind. Sie sind einmal abhängig von der jeweiligen Persönlichkeit des Einzelnen, zum anderen auch von seiner Position oder Rolle, die er innerhalb der Beziehung zu seinem Gegenüber einnimmt.

Jeder hat im Laufe seines Lebens bestimmte Einstellungen und Wertvorstellungen gewonnen. Einer legt besonderen Wert auf Ordentlichkeit und Korrektheit, ein anderer auf Offenheit und Ehrlichkeit und ein Dritter auf Höflichkeit und Anstand. Dementsprechend wird man körpersprachliche Signale auch interpretieren und bewerten. So verurteilt jemand eine offensichtliche Geste der Ablehnung oder des Mißfallens, da für ihn die höfliche Umgangsform an erster Stelle steht, ein anderer dagegen schätzt diese ehrliche Ausdrucksweise.

Die Bewertung der Körpersprache bei anderen Personen hängt natürlich auch eng mit den Erwartungen zusammen, die wir an uns selbst haben. Wenn ich von mir selbst Anstand und Benehmen in jeder Situation fordere, werde ich ein solches Verhalten auch bei anderen erwarten und entsprechende Abweichungen schärfer verurteilen.

Gerade in der Körpersprache zeigt sich Offenheit und Spontaneität sehr deutlich. Ein Mensch, der seinen Körper stark kontrolliert und wenig von sich zeigt, kann daher

Schwierigkeiten haben, mit einem spontanen Menschen umzugehen.

Die Beurteilung bestimmter körpersprachlicher Signale als positiv oder negativ hängt also stark von unseren eigenen persönlichen Wertmaßstäben ab.

Ein anderer Maßstab kann auch die Übereinstimmung bzw. Diskrepanz zu meinen Erwartungen sein. Entspricht ein gezeigtes Signal nicht meinen Erwartungen, kann ein Übersehen oder Nicht-Wahrnehmen dieses Signals eine mögliche Reaktionsweise sein. Wenn ich z. B. erwarte, daß sich eine Person über ein Geschenk, das ich ihr gemacht habe, freut, sie aber eher enttäuscht oder mißmutig reagiert, blende ich dieses Verhalten aus, um mich selbst vor dem Gefühl der Enttäuschung zu bewahren. Diese Reaktionsweise wäre gewissermaßen ein Selbstschutzmechanismus.

Die eigenen Bewertungsmaßstäbe zu erkennen, heißt aber auch, sich selbst, seine Ängste, Vorstellungen, Einstellungen, Erwartungen und Bedürfnisse zu erkennen.

Oft machen wir durch unsere individuellen Bewertungskriterien die körpersprachlichen Signale und damit auch die Menschen zu etwas, was sie nur in unseren Augen – aber eben nicht ›objektiv‹ sind.

3. Sprache und Körpersprache

3.1. Das digitale und das analoge System

»Es ist eine Eigentümlichkeit
des Menschen,
daß er der Grammatik fähig ist.«
Aristoteles

Jede Sprache ordnet einzelnen Gegenständen ein bestimmtes Lautbild zu. Dieses Lautbild ist im Laufe der Sprachentwicklung entstanden und hatte ursprünglich meist auch eine direkte Beziehung zum bezeichneten Gegenstand. Heute sind die Beziehungen meist verlorengegangen oder nur noch den Ethymologen bekannt.

So hat z. B. das Wort Haus für uns nichts Hausartiges an sich, und Haus kann genauso Casa, Maison oder Rumah heißen.

Gegenstände, Tätigkeiten und Gefühle werden durch bestimmte Wörter beschrieben; wir lernen eine Sprache, indem wir lernen, bestimmte Wörter bestimmten Dingen zuzuordnen. Um die Zusammenhänge und Beziehungen ausdrücken zu können, müssen wir auch die Anordnung und die Stellung der Worte innerhalb eines Wortgefüges – eines Satzes – beherrschen. Weiter gibt es neben dem Lautbild in beinahe jeder Sprache ein entsprechendes Schriftbild. Mit Hilfe von unterschiedlichen Zeichen kann man die Wörter schriftlich fixieren. Die Schrift ermöglicht die Übermittlung von Informationen, ohne daß die sie abgebende Person anwesend ist. Schrift konserviert die Informationen. Ohne die Erfindung der Schrift wüßten wir heute wenig über die alten Kulturen, wie die Ägypter. Erst durch die Entschlüsselung der Hieroglyphen erhielten wir eine Fülle von Informationen über das Leben der Pharaonen.

Systeme, die mit der Zuordnung von Zeichen – in diesem Fall von Lautbildern und Buchstaben – zu bestimmten Dingen arbeiten, nennt man digitale Systeme.

Digital ist in diesem Fall, daß die Darstellung einer Information über eine Zeichenfolge aus einem vorher festgelegten Zeichenvorrat (also dem Wortschatz und dem Alphabet) erfolgt. Digitale Zeichen sind symbolhaft, abstrakt, oft kompliziert und spezifisch menschlich. Ein auf zwei Signale reduziertes digitales System ist die Computersprache. Durch die unterschiedliche Kombination von Impulsen (1) und den Pausen von Impulsen (0) lassen sich die verschiedenartigsten Informationen ausdrücken.

Die Bedeutungen solcher digitalen Systeme sind explizit vereinbart und eindeutig. Die Zeichen sind präzise festgelegt.

Solange es sich um konkrete Dinge handelt, ist dies auch möglich. Abstraktere Dinge lassen sich dagegen sehr viel schwerer definieren und festlegen. Unsere Sprache arbeitet aber mit vielen abstrakten Begriffen wie Frieden, Toleranz u. ä. Der Nachteil der Sprache ist also, daß sie mit scheinbar eindeutigen Begriffen arbeitet, die zwar jeder versteht, die aber auch für jeden einzelnen eine andere Bedeutung haben können.

Die digitale Sprache ist nur dem Menschen möglich. Viele ernstgemeinte und zum Teil langfristige Versuche mit Schimpansen – die dem Menschen ja nicht nur in seiner Physiologie, sondern auch in seinem sozialen Verhalten sehr ähnlich sind –, ihnen die menschliche Sprache beizubringen schlugen fehl und bestätigen, daß nur der Mensch eine sogenannte digitale Sprache erlernen kann.

Eine solche Sprache geht über den bloßen Lautausdruck von Emotionen und Warnsignalen hinaus und beruht auf komplexen Grundeigenschaften, wie dem Gebrauch von Symbolen und von komplizierten Kombinationsregeln.

Worte sind dabei nur eine Möglichkeit, Informationen in Symbolen auszudrücken.

Stellen wir uns vor, auf einem internationalen Campingplatz sollte ein Hinweisschild für die ärztliche Versorgung aufgestellt werden, das von Menschen möglichst vieler Nationalitäten verstanden wird. Die erste Möglichkeit wäre, ein Schild mit dem Wort ›Arzt‹ aufzustellen. Das Wort ›Arzt‹ ist ein Symbolzeichen, das für eine Person steht, die ärztliche Hilfe leistet. Um dieses Zeichen zu verstehen, muß man jedoch einmal die einzelnen Buchstaben kennen und zum anderen ihre zusammengesetzte Bedeutung – das Wort – verstehen. Aber bereits ein Engländer, der zwar die einzelnen Buchstaben kennt, kann das Wort nicht verstehen. Einem Chinesen oder Araber fehlt jeglicher Bezugspunkt, da auch die Buchstaben für ihn unbekannt sind.

Eine andere Möglichkeit wäre ein Schild mit einem roten Kreuz auf weißem Hintergrund – einem durch Konventionen festgelegten Symbol für ärztliche Hilfe. Das Zeichen ist international bekannt und ist nicht an eine Sprache gebunden. Allerdings muß man seine Bedeutung kennen. Man kann sie nicht aufgrund des Zeichens allein erschließen.

Eine bildlichere Darstellung wäre die Abbildung einer Spritze. Sie steht nun in einem kausalen Zusammenhang mit der gewünschten Aussage: Wenn man ärztliche Hilfe in Anspruch nimmt, bekommt man dabei oft eine Spritze verpaßt. Dieser Zusammenhang ist jedoch nicht eindeutig. Ärztliche Hilfe kann auch ohne Spritze geleistet werden. Verstehen kann man dieses Zeichen unabhängig von der Sprache und von Konventionen. Aber man muß die Funktion und Anwendung einer Spritze kennen.

Die Abbildung einer Spritze wäre bereits ein Beispiel für ein analoges Zeichen.

Analoge Zeichen sind bildhaft und unmittelbar repräsentativ, d. h. sie haben einen direkten Bezug zur Bedeutung.

Analoge Systeme arbeiten mit Bildern, Metaphern und Gleichnissen. Sie haben keine eindeutigen Regeln und Strukturen und unterliegen daher häufiger der Interpretation.

Die Körpersprache stellt ein analoges System dar.

Sie ist unser ursprüngliches Kommunikationssystem.

Ein Kind, das die Sprache noch nicht gelernt hat, bedient sich analoger körpersprachlicher Signale, um seine Bedürfnisse und Gefühle auszudrücken. Wenn ein Baby sich unwohl fühlt, weil es Hunger hat oder seine Windeln naß sind, schreit es, und Mütter lernen sehr schnell, die verschiedenen ›Schreie‹ ihres Kindes richtig zu deuten.

Die Kindersprache enthält noch viele Analogien. So steht das Wort ›Wauwau‹ noch in direktem Zusammenhang mit dem Bellen eines Hundes und wird daher schneller mit dem Tier in Verbindung gebracht als das Wort ›Hund‹. Das digitale Symbol ›Hund‹ muß erst gelernt werden.

Wenn wir die Sprache eines Landes nicht sprechen, greifen wir auch manchmal auf analoge Symbole zurück. Wenn wir in einem fremden Land in ein Restaurant gehen, winken wir den Ober an unseren Tisch, zeigen auf das gewünschte Essen (wenn gerade ein Gast am Nebentisch das entsprechende Gericht ißt), deuten ihm mit zwei Fingern an, daß wir das Gericht zweimal bestellen möchten und schließlich haben wir auch für den Wunsch zu zahlen ein geeignetes Zeichen (meist zücken wir unseren Geldbeutel).

Die Entstehung eines digitalen Symbols aus einem ursprünglich analogen Symbol läßt sich anhand der Uhrzeit aufzeigen:

Ein Baum wirft aufgrund des sich verändernden Sonneneinfalls zu unterschiedlichen Tageszeiten verschiedene Schatten. Anhand der Länge und der Richtung dieser Schatten konnte man die Zeit feststellen.

Diese Erkenntnis machte man sich zunutze und erfand die Sonnenuhr. An der Stellung ihrer Zeiger bzw. der Schatten, die sie auf eine runde Scheibe warfen, konnte man die Tageszeit erkennen. Später bekam die Uhr ein Zifferblatt. Den Zeiten wurden bestimmte Ziffern zugeordnet. (Die Zuordnung der 12 zum Mittelpunkt des Tages war dabei mehr oder weniger willkürlich.) Die modernen Digitaluhren rücken nun ab vom analogen Symbol einer Uhr. Uhren sind nicht mehr notwendigerweise rund und sie zeigen nur noch die Ziffern an, die symbolisch für eine bestimmte Uhrzeit stehen. Die Uhrzeit wird damit in digitalen Symbolen ausgedrückt.

Analoge Systeme beruhen oft auf Bildern. Daher stellt die Bilderschrift gewissermaßen eine Zwischenstufe zwischen einem analogen und einem digitalen System dar: Bestimmte Bilder sind Symbole für bestimmte Dinge, stehen aber noch in einem direkten Zusammenhang mit den Dingen selbst. Die Bilderschrift hat ihre Grenzen. So kann man keine Gedanken und Gefühle, keine abstrakten Dinge ausdrücken. Man hat Schwierigkeiten, Zeitverhältnisse (vorher und nachher) oder Begründungen (weil) und Verknüpfungen (wenn – dann) darzustellen. Auch ergänzende Beschreibungen von Gegenständen (das schöne, graue Pferd) lassen sich kaum darstellen. Die Verständigungsmöglichkeiten sind ungenauer und viele Mitteilungen sind gar nicht möglich.

Der Mensch kann als einziges Lebewesen sowohl digital (über die Sprache) als auch analog (über die Körpersprache) kommunizieren. Digitale Signale müssen jedoch erst erlernt werden, bevor sie verstanden und angewendet werden können.

Aber auch unsere analogen Signale der Körpersprache sind abhängig von der Erziehung, der Gesellschaft und der jeweiligen Kultur. Keines der beiden Systeme ist besser als das andere. Beide haben ihre Vorteile, aber auch ihre Grenzen und Fehler.

Komplizierte Sachverhalte lassen sich mit analogen Symbolen kaum oder gar nicht ausdrücken. (Versuchen Sie einmal, einer Person mit körpersprachlichen Signalen verständlich zu machen, daß gestern ein Gewitter war.) Wenn die Sprache fehlt, können sich auch bestimmte Denkstrukturen nicht ausbilden, da Denken meist verinnerlichtes Sprechen ist.

Auf der anderen Seite ist es manchmal sehr schwer, Gefühle und Empfindungen in Worte zu fassen. Eine kleine Geste sagt manchmal mehr als viele Worte. Körpersprache wird unbewußter ›gesprochen‹ und wahrgenommen. Sie ist echter und authentischer. Aber ihre unklaren Interpretationen sind die Ursachen vieler Mißverständnisse.

Das Entscheidende ist, daß der Mensch sich beider Kommunikationsarten bedienen kann. Gerade im Zusammenspiel beider Systeme lassen sich die Unzulänglichkeiten des einzelnen Systems ausgleichen; ein System kann das andere ergänzen. Im negativen Fall führen widersprüchliche Botschaften zu einer Verunsicherung und Verwirrung.

Der Mensch kann jedoch nicht nur beide Signalsysteme benutzen, wenn er etwas ausdrücken will, er kann auch seine Wahrnehmung schwerpunktmäßig auf eines der beiden Systeme legen. In unserer Gesellschaft wird der Sprache eine weitaus größere Bedeutung zugemessen. Körpersprachliche Signale werden oft gar nicht bewußt wahrgenommen und teilweise sogar verleugnet.

Manchmal erscheint es, als ob wir unsere ursprünglichere Sprache beinahe verlernt haben. Für viele ist die Körpersprache zur Fremdsprache geworden.

3.2. Inhalt und Beziehung

Mit Hilfe der Sprache sind wir in der Lage, uns zu verständigen, Informationen auszutauschen und weiterzugeben. Informationen liefern uns zunächst ein rein faktisches Wissen über eine Sache, ein Ereignis oder eine Person. Wenn ich wissen will, wie spät es gerade ist, bin ich mit der Antwort ›halb zwölf‹ zufrieden. Ich habe die erwünschte Information erhalten. Aber geht es bei der sprachlichen Kommunikation tatsächlich nur um die Vermittlung von Informationen und damit von Inhalten?

Unser Gesprächspartner sagt zu uns: »Hörst Du mir nie zu?« Geht es in diesem Fall nur um die Vermittlung einer Information? Oder ist die Intention des Sprechers eine andere? Je nachdem, wie er den Satz betont, verändert sich die Bedeutung. Bin es nur *ich,* der nicht zuhört (Betonung des Wortes ›Du‹)? Will er mir verdeutlichen, daß ich zwar allen anderen zuhöre, aber nicht *ihm* (Betonung des Wortes ›mir‹) oder beklagt er sich darüber, daß es ja *immer* so ist (Betonung des Wortes ›nie‹). Entsprechend dem Tonfall und der Betonung der einzelnen Wörter wird die Aussage eine unterschiedliche Wirkung auf uns haben. Sie kann ein Vorwurf, eine Aufforderung, ein Wunsch, ein Ausdruck der Enttäuschung oder der Resignation sein. Die Bedeutung dieses Satzes kann also sehr unterschiedlich sein, obwohl der Inhalt immer gleich ist: Mein Gegenüber hört mir nie zu.

Ohne bestimmte zusätzliche körpersprachliche Signale – in diesem Fall des Tonfalls, aber auch der begleitenden Mimik – fehlen die für die richtige Bewertung der Aussage entscheidenden Informationen.

Ähnlich verhält es sich mit der Aussage »Du bist ja heute wieder nett zu mir!«. Ist sie ernst oder ironisch gemeint? Ist der Sprecher gerade entzückt über sein Gegenüber oder ist er ›gereizt‹ und genervt und meint das eigentlich ironisch.

Wieder kann man den Inhalt ohne zusätzliche Informationen wie den Tonfall, ein Lächeln, einen grimmigen Blick u. ä. nicht richtig deuten. Informationen, die nur den Inhalt betreffen, sind in den meisten Fällen unzureichend für eine unmißverständliche Kommunikation. Das ist aber bei zwischenmenschlichen Kontakten auch nie der Fall.

Wir können keine Signale auf der Inhaltsebene senden, ohne gleichzeitig Signale aus dem körpersprachlichen Bereich mitzuschicken. Niemand kann etwas ohne Tonfall sagen und ohne dabei eine bestimmte Mimik, Gestik oder Körperhaltung zu zeigen.

Auch eine scheinbar ›neutrale‹ Stimme gibt dem Inhalt einer Aussage eine bestimmte Nuance. Wenn ich mit einer langsamen und monotonen Stimme oder lächelnd meinem Gesprächspartner sage: »Ich bin furchtbar wütend auf Dich!«, wird dieser stutzen: Hier paßt die Stimmlage nicht zum Inhalt.

Wir brauchen neben den Informationen – dem Inhalt –, den uns die Sprache vermittelt, also auch noch Informationen, wie wir mit dem Inhalt umgehen sollen. Informationen können viele Aspekte haben. Sie können wahr oder falsch, wichtig oder unwichtig, aktuell oder veraltet, brauchbar oder unbrauchbar sein. Wir benötigen aber stets eine übergeordnete Information, was wir mit der erhaltenen Information anfangen sollen, wie wir sie ein- und zuordnen und bewerten sollen oder darauf reagieren sollen.

Einen Computer – bei dem ja menschliche Komponenten, wie körpersprachliche Signale wegfallen – kann ich mit Informationen füttern, aber damit er arbeiten kann, braucht er genaue Anleitungen, wie er die einzelnen eingegebenen Informationen miteinander verknüpfen soll.

So lassen sich z. B. mit zwei beliebigen Zahlen verschiedene Rechenoperationen durchführen: Man kann die Zahlen addieren, dividieren, multiplizieren...

Der Computer braucht seine Instruktion, sein Programm, um eine Beziehung zwischen den einzelnen Informationen herstellen zu können. In der menschlichen Kommunikation ist die Beziehung der Gesprächspartner zueinander wichtigstes Kriterium für die Zuordnung und Bewertung einer scheinbar sachlichen Information.

Instruktionen dafür erhalten wir über die Körpersprache. Sie definiert und bestimmt die Beziehung zu unserem Gegenüber und damit auch die Bedeutung, die wir dem Inhalt zumessen. Mit der Frage: »Wie teuer war Dein neues Auto?« will man zunächst eine rein sachliche Information über das Objekt ›Auto‹ erhalten. Gleichzeitig wird sich bei dieser Frage auch die Beziehung der beiden Gesprächspartner zueinander ausdrücken. Die Art, wie die Frage gestellt wird – der Tonfall, der Gesichtsausdruck, die Körperhaltung oder ein anderes körpersprachliches Signal – kann Interesse, Bewunderung, Konkurrenz, Höflichkeit, Vorwurf, Neid oder andere Gefühle ausdrücken und damit eine bestimmte Beziehung verdeutlichen.

Der Gefragte kann nun seinerseits diese Art der Beziehung annehmen (er empfindet die Bewunderung, die sein Gegenüber mit der Frage verbindet und fühlt sich geschmeichelt), ablehnen (er ist ärgerlich, daß der andere ihn scheinbar als Konkurrenten betrachtet) oder er kann versuchen, die Beziehung zu verändern (er bemüht sich, den anderen davon zu überzeugen, daß er nicht sein Konkurrent ist und sein will). Er hat jedoch keine Möglichkeit, nicht zu reagieren. Auch Schweigen ist eine Reaktion, die vom anderen unterschiedlich interpretiert werden kann: z. B. »Er hat kein Interesse an mir.« »Er will doch mit mir konkurrieren.« Das Gespräch wird bei diesem Prozeß – unabhängig von der Art der Beziehung und den damit verbundenen Problemen – inhaltlich auf derselben Ebene weiterlaufen: Man spricht über den Preis des neuen Autos.

Bei den wenigsten Gesprächen sind die Beziehungen ausdrücklich definiert und festgelegt.

Dies ist nur bei bestimmten Beziehungen wie zwischen Vorgesetzten und Untergebenen, zwischen Lehrern und Schülern oder zwischen Eltern und Kindern der Fall. Aber auch dort kommt es zu Schwierigkeiten, wenn ein Partner die Position des anderen – z. B. seine Position als Vorgesetzter – nicht vollständig akzeptiert, sie ablehnt oder sich dagegen wehrt. Die Folge ist dann, daß das Ringen um die Veränderung der Beziehung im Mittelpunkt der Kommunikation steht und nicht mehr der Informationsaustausch an sich. Der Inhalt kann völlig an Bedeutung verlieren und es kommt zu endlosen – scheinbar sachlichen – Diskussionen oder gegenseitigen Vorwürfen. Informationen werden daher um so besser verstanden werden, je positiver die Beziehung der beiden Gesprächspartner zueinander ist. Man kann sich völlig auf den Inhalt konzentrieren. Die Beziehung wirkt nicht störend auf die Kommunikation.

In einer gespannten Beziehung kann es dagegen soweit kommen, daß man den Inhalt gar nicht mehr wahrnimmt oder nicht mehr wahrnehmen will.

Allein der Tonfall unseres Partners läßt uns sicher sein, daß er uns nur seine Ablehnung und Mißbilligung mitteilen will – egal, was er sagt. Die Art der Beziehung und die Möglichkeiten sich dagegen zu wehren, beschäftigen uns so, daß wir den Inhalt gewissermaßen überhören. So treten eine Reihe von Kommunikationsstörungen auf, wenn Beziehung und Inhalt unbewußt miteinander vermischt werden oder sie widersprüchliche Informationen liefern.

Die Beziehung zu unserem Gesprächspartner ist von vielen Faktoren abhängig. Wir haben unsere eigenen früheren Erfahrungen oder Vorstellungen von unserem Gegenüber, wir haben eventuell Informationen von Dritten, und außerdem reagieren wir auf ihn entsprechend unserer eigenen momentanen Stimmungslage.

Wir müssen unsere Beziehung also ständig neu überprüfen und eventuell korrigieren. Je festgelegter und strukturierter eine Beziehung ist, umso sicherer sind wir bei der Bewertung der Inhalte, aber umso weniger Spielraum haben wir selbst, die Beziehung zu verändern. Bei jeder Kommunikation sind Inhalt und Beziehung eng verknüpft, und von der Art dieser Verknüpfung hängt es ab, wie ›gut‹ die Kommunikation ist.

Erst, wenn wir die Art der Beziehung kennen, wissen wir, wie wir mit einer erhaltenen Information umgehen können. Damit ist die Beziehung dem Inhalt übergeordnet. Sie gibt ihm seine Bedeutung, während umgekehrt der Inhalt allein selten die Beziehung verändert.

Wie wirken nun Inhalt und Beziehung aufeinander?

Im Idealfall sind sich beide Partner sowohl über den vermittelten Inhalt als auch über ihre Beziehung zueinander einig. Im anderen Extremfall haben sie bezüglich des Inhalts und der Beziehung unterschiedliche Meinungen. Problematischer sind jedoch andere Varianten. Man ist sich über den Inhalt einig: Beiden gefällt ein bestimmtes Buch. Aber auf der Ebene der Beziehung gibt es Differenzen: Die Art der Aussage z. B. der Tonfall, mißfällt einem der beiden Partner: »Du bevormundest mich, Du traust mir ja gar keine eigene Meinung zu...« So kommt es zu Streitereien oder Vorwürfen, obwohl man doch ›eigentlich einer Meinung‹ ist. Das Problem besteht also nur auf der Ebene der Beziehung – aber man versucht, es auf der Ebene des Inhalts auszutragen.

Weiter werden objektive Meinungsverschiedenheiten häufig mit der Ebene der Beziehung vermischt: Wenn der andere eine andere Meinung hat, dann akzeptiert er mich als Person nicht. Man kann in diesem Fall den Inhalt nicht akzeptieren, da er gleichzeitig die bestehende Art der Beziehung in Frage stellt.

Eine Folge davon kann sein, daß ein Partner seine Meinung hinsichtlich des Inhalts verleugnen muß, um die Beziehung nicht zu gefährden.

Häufig kommt dies in Zweierbeziehungen vor. So geht vielleicht einer der beiden Partner jedes Wochenende seinem Hobby, dem Surfen, nach. Der andere fährt mehr oder weniger unfreiwillig mit, weil er es aus Angst vor einem Streit nicht wagt, den Lieblingssport seines Partners abzulehnen.

Erst die Verknüpfung sprachlicher und körpersprachlicher Signale macht eine unmißverständliche Kommunikation möglich. Die Art der Verknüpfung hängt von der Art der Beziehung ab, die zwei Gesprächspartner zueinander haben. Dabei ist die Körpersprache das wichtigste Mittel, um diese Beziehung auszudrücken und festzulegen.

3.3. Übereinstimmung oder Diskrepanz

Im Januar 1975, einige Monate nachdem er nach der Watergate-Affäre das Amt des nicht gewählten Präsidenten angenommen hatte, hielt Gerald Ford eine Fernsehansprache. Es war bekannt, daß Fernseh-Berater angeheuert worden waren, um Ford dabei zu unterstützen, das Bild eines entschlossenen, aufrichtigen und beeindruckenden Staatsoberhauptes zu verkörpern. Ford bemühte sich, durch eindrucksvolle Gesten, durch Tatkraft und Energie vermittelnde Körperbewegungen und den direkten Blick in die Kameras, der seine Aufrichtigkeit signalisieren sollte, diesen Eindruck zu erwecken.

Aber seine Versuche schlugen fehl, und zwar aufgrund seiner sprachlichen – nicht seiner körpersprachlichen – Unzulänglichkeiten. Ein später erschienenes Cartoon beschrieb das Ereignis treffend in etwa so: »Es gab 38%, die die Ansprache des Präsidenten gut fanden, 29%, die sie ablehnten, und 33%, die nur auf seine Hände achteten und nicht hörten, was er sagte.«

Körpersprachliche Signale sind nur dann wirkungsvoll, wenn sie mit den sprachlichen Signalen übereinstimmen, sie betonen und verstärken. Sie unterstreichen und verdeutlichen dann das Gesagte.

Gerade Politiker setzen sehr stark auf ihre Körpersprache, um ihren Worten und ihrer Persönlichkeit Überzeugungskraft zu verleihen. Ein Blick in die Geschichte macht deutlich, daß derjenige, der mit der Körpersprache seinen Worten den entsprechenden Nachdruck bieten konnte, sich noch nie darum kümmern mußte, was er eigentlich sagte – es kam weitaus mehr auf die Art und Weise an, *wie* er es sagte. Politiker müssen, wie gute Schauspieler, Meister im Gebrauch der Körpersprache sein. Da hat ein in der Politik tätiger Schauspieler durchaus seine Vorteile.

Auch in anderen Bereichen außerhalb der Politik gelingt es guten Rednern, uns durch die Übereinstimmung von Sprache und Körpersprache von ihren Aussagen zu überzeugen. Aber wie oft passiert es, daß Menschen Vorträge halten, in denen sie bestimmte Dinge propagieren, die sie durch ihre eigene Körpersprache gewissermaßen widerlegen.

Ein besonders deutliches Beispiel dafür ist ein Vortrag, in dem der Referent das positive Denken und damit eine positive Grundeinstellung des Menschen anpreist. Er kann nur dann überzeugend wirken, wenn er diese Einstellung auch mit seinem Körper ausdrückt; sein Erfolg wird gering sein, wenn er selbst durch seine Körperhaltung, Mimik und Gestik den Eindruck eines bedrückten, resignierten und energielosen Menschen macht.

Übereinstimmung von sprachlichen und körpersprachlichen Signalen ist vielfach die Grundlage für Erfolge, beispielsweise auch bei Verkaufsgesprächen: Ein Verkäufer kann ein Produkt nur dann – sprachlich und körpersprachlich – überzeugend anbieten, wenn er selbst von dem Produkt überzeugt ist. Solange er selbst Zweifel an der Qualität oder dem Preis des entsprechenden Produktes hat, wird er diesen auch – oft unbewußt – körpersprachlich dem Kunden mitteilen. Insofern ist eine Verkaufsschulung nur dann sinnvoll, wenn sie die Körpersprache und damit die Einstellungen und Gefühle des Verkäufers zum Produkt mit einbezieht.

Natürlich läßt sich Körpersprache auch trainieren. Ein guter Schauspieler schlüpft auch körpersprachlich vollkommen in seine Rolle.

Das gelingt aber nur, wenn er auch die Empfindungen und die Denkweise der Figur übernimmt, sich also weitgehend mit ihr identifiziert.

Ein bißchen sind wir alle Schauspieler.

Wir spielen im Laufe unseres Lebens verschiedene Rollen: die Rolle als Kind, als Schüler, als Jugendlicher, als Arbeitskollege, als Partner, als Vater oder Mutter. Jede Rolle erfordert von uns ein bestimmtes Verhalten – sprachlich und körpersprachlich.

Ein Lehrer muß sich anders verhalten als ein Schüler. Je besser sich eine Person mit einer Rolle identifizieren kann, um so mehr Übereinstimmung von Sprache und Körpersprache wird sie zeigen und um so erfolgreicher wird sie daher in ihrer Position sein. Lassen sich jedoch Teile der Rolle nicht mit dem eigenen Selbstbild vereinbaren, zeigt sich diese Unstimmigkeit am ehesten in der Körpersprache.

Eine Lehrerin, die ›streng‹ sein muß, um die notwendige Disziplin ihrer Klasse zu erreichen, persönlich aber mit diesem Verhalten Schwierigkeiten hat und daher jede Ermahnung durch ein entschuldigendes Lächeln gewissermaßen zurücknimmt, wird sich schwer durchsetzen können. Wir nehmen nicht nur aus beruflichen oder familiären Gründen bestimmte Rollen ein, wir legen auch in unterschiedlicher Weise Wert darauf, daß andere uns so sehen, wie wir sein wollen. Selbstsicher, freundlich, souverän, sportlich, gebildet – sind einige Eigenschaften, die viele Menschen gern zugeschrieben haben möchten.

Manchmal wollen wir besonders lässig und sicher wirken, aber eine kleine Geste oder eine ›falsche‹ Bewegung verrät unsere echten Gefühle.

Komiker haben solche Situationen oft aufgegriffen und überzeichnet: Da ist der galant, souverän und geschickt wirkend wollende Mann, dem bei seinem ›Auftritt‹ vor der Angebeteten leider ein Mißgeschick und eine Tolpatschigkeit nach der anderen passiert.

Unstimmigkeit drückt sich oft auch in der Wahl der Kleidung aus. Manche Menschen verstehen sich geradezu darauf, immer Kleidungsstücke auszuwählen, die in Form, Stil oder Farbe nicht zu ihrer Person passen – sei es zu ihrer Figur, ihrem Typ oder ihren Körperbewegungen. Kleidung wird dazu benützt, um etwas zu verkörpern, was man im Grunde genommen nicht ist, aber sein möchte.

Wie belastend die Konfrontation mit widersprüchlichen Botschaften sein kann, beweist die Forschung über die sogenannte ›Doppelbindung‹. Diese hat folgende Merkmale: Eine Person hat eine so enge Beziehung zu einer anderen Person, daß es für sie wichtig ist, diese Person richtig zu verstehen und angemessen auf sie reagieren zu können. Die Aussagen dieser Person enthalten jedoch zwei sich widersprechende Botschaften (meist eine sprachliche und eine körpersprachliche). Vielleicht kann man aber aus irgendeinem Grunde die Person nicht auf diesen Widerspruch hinweisen, aber man kann die Botschaft auch nicht ignorieren (dazu ist sie zu wichtig) oder sich aus der Situation zurückziehen (dazu ist man zu abhängig von der anderen Person). Besonders häufig ist diese Situation in einer Zweierbeziehung.

Man sieht sich nach längerer Zeit wieder. Er freut sich, sie zu sehen, und legt ganz impulsiv den Arm um sie. Sie wird sichtlich steif und weicht etwas zurück. Daraufhin zieht er seinen Arm zurück. Sie fragt ihn: »Magst Du mich denn nicht mehr?« Er wird verlegen und errötet. Sie greift seine Verlegenheit auf und sagt: »Du brauchst doch nicht so schnell unsicher werden und Angst vor Deinen Gefühlen haben!« Für ihn entsteht das Dilemma: »Wenn ich eine engere Beziehung zu ihr aufrechterhalten will, darf ich ihr nicht zeigen, daß ich sie mag – wenn ich es ihr aber nicht zeige, werde ich die Beziehung zu ihr verlieren.« Vermeiden ließe sich dieses Dilemma nur, wenn er ihr Verhalten direkt angesprochen hätte: »Es ist Dir offensichtlich unangenehm, wenn ich den Arm um Dich lege, und es fällt Dir schwer, diese Geste der Zuneigung anzunehmen.«

Einmal ist der Betroffene, wie in diesem Fall, selten in der Lage, die Situation so reflektiert zu erfassen, zum anderen verbietet ihm die Abhängigkeit von der anderen Person (ihm liegt ja etwas an dieser Beziehung), diese Dinge anzusprechen, da er dann eine noch größere Ablehnung und Zurückweisung befürchten muß. Die Doppelbindungs-Theorie wurde zu einer populären, aber bis heute nicht bewiesenen Erklärung für die Entwicklung einer Schizophrenie. Gültig ist sie jedoch mit Sicherheit für viele Arten einer gestörten Kommunikation.

In jedem Fall muß man beim Erhalt zweier widersprüchlicher Botschaften eine Entscheidung treffen, welche der Botschaften man als wesentlich und richtig beurteilt.

Meist wird man sich für die angenehmere, weniger schmerzhafte oder bedrohliche Botschaft entscheiden. Die Bewältigungsstrategien, wie wir mit Diskrepanzen umgehen, sind unterschiedlich. Je ängstlicher und unsicherer ein Mensch ist, um so sensibler wird er einerseits für negative

Signale wie Ablehnung sein, aber auf der anderen Seite auch versuchen, sie zu verleugnen und sich ihrer nicht bewußt zu werden, da ein Zulassen für ihn und sein Selbstwertgefühl eine zu große Belastung bedeuten würde.

Als Sender widersprüchlicher Signale akzeptieren wir manchmal unsere negativen Gefühle selbst nicht, wollen sie daher auch nicht zeigen und versuchen, sie durch die Sprache zu verdecken.

Oder wir wollen den anderen durch unsere Empfindungen nicht verletzen. Nicht selten steht hinter der Befürchtung, den anderen zu verletzen, auch die Angst, durch ein offenes und ehrliches Verhalten von ihm abgelehnt zu werden. Anstandsregeln und Konventionen sind weitere Ursachen, warum Unstimmigkeiten entstehen können. Höflichkeit und Benimmregeln verlangen von uns ein korrektes Verhalten, das manchmal ganz im Widerspruch zu unseren eigentlichen Gefühlen steht.

Besonders auffällig sind körpersprachliche Reaktionen in Ausnahmesituationen, in die wir völlig überraschend und unvorbereitet gelangen. Die unmittelbare Konfrontation mit Dingen und Personen läßt uns keine Zeit zu Überlegungen. Der Körper reagiert spontan und intuitiv. Genauso schnell, wie wir unsere Hand von einer heißen Herdplatte wegziehen, genauso schnell werden wir blaß oder rot, weichen mit einem Schritt vor oder zurück oder wenden unseren Blick ab. Diese Reaktionen sind die ehrlichsten, da sie am wenigsten unserer Kontrolle unterliegen.

Der in der Wahrnehmung der Körpersprache Geübte kann die durch eine fehlende Übereinstimmung von Sprache und Körpersprache bewirkte zusätzliche Verunsicherung schneller erkennen und durch Nachfragen klärende Informationen erhalten. Die meisten Menschen haben nur ein vages Gefühl, daß etwas nicht stimmt. Sie können nur diesem Gefühl oder den Worten vertrauen. Die Überbetonung der Sprache hat leider dazu geführt, daß viele den Kontakt zu ihrem vagen – manchmal durchaus begründeten – Gefühl verloren haben.

Unstimmigkeiten zwischen Sprache und Körpersprache können viele Ursachen haben: Die Beziehung zum anderen, die Verleugnung oder das Vertuschen der eigenen Gefühle, Höflichkeit und Konventionen. Es ist jedoch leichter mit ihnen umzugehen, wenn wir sie erst einmal bewußt erkennen.

3.4. Der erste Eindruck und seine Folgen

Der erste Eindruck von einem Menschen beeinflußt den weiteren Verlauf der Beziehung meist entscheidend.

Wenn wir zu einer Party gehen, betrachten wir die anwesenden Personen und treffen unsere ersten Entscheidungen: Diesen Menschen empfinden wir als langweilig und farblos, jenen als interessant, jenen als arrogant, jenen als charmant und witzig. Nehmen wir an, wir kennen keinen dieser Menschen, haben keinerlei Vorinformationen von ihnen und haben auch noch kein Wort mit jemandem gesprochen. Unser Urteil kann also nur durch bestimmte körpersprachliche Signale entstanden sein: durch das Aussehen, die Körperhaltung, die Mimik, die Gestik, den Blickkontakt, die Art des Sprechens... So finden wir den Mann, der uns gegenübersteht und sich an die Tür lehnt, arrogant. Was veranlaßt uns zu diesem Urteil? Was bedeutet ›arrogant‹ für uns? ›Arrogant‹, das könnte heißen: sein überheblicher Blick, seine teure Kleidung, seine betont lässige Haltung, seine abweisenden Gesten oder seine Art zu sprechen. Viele Einzelausdrücke können sich so zum Gesamteindruck ›arrogant‹ zusammenfügen.

Aber ist dieser Mensch nun tatsächlich arrogant?

Paradoxerweise empfinden wir oft die in Wirklichkeit schüchternen, gehemmten und unsicheren Menschen als arrogant. Sie zeigen keine Gefühle, weil sie unsicher sind und Angst haben, die anderen könnten ihre Unsicherheit erkennen. Sie verstecken sich hinter einer Maske der Distanziertheit, des Coolseins und der Unnahbarkeit.

Angenommen, wir finden diesen Menschen arrogant, senden wir auch bestimmte feindselige Signale an ihn aus (wenn wir arrogante Menschen nicht mögen): Wir beachten ihn nicht, werfen ihm einen abschätzigen Blick zu oder beantworten seine Fragen nur kurz und knapp. Diese Signale können von ihm durchaus auch als arrogant bewertet werden.

Er fühlt sich noch stärker verunsichert und flüchtet noch mehr in seine ›schützende‹ Arroganz. Nun fühlen wir uns in unserem ersten Eindruck bestätigt: Wir haben es ja sofort gesehen, daß dieser Mensch arrogant ist. Treffen wir ihn später einmal wieder, denken wir sofort an unseren ersten Eindruck. So können voreilig gefaßte Urteile oder Irrtümer zu Beziehungsstrukturen führen, die nur sehr schwer wieder zu verändern sind. Dabei weiß der Betroffene oft nichts von unserem vernichtenden Urteil über ihn.

R. Rosenthal, Professor für Sozialpsychologie an der Harvard Universität (USA), nannte diesen Vorgang den ›Pygmalion-Effekt‹: Wir verändern eine Person nach unserem Bild, das wir von ihr haben.

Wir handeln wie der Bildhauer Pygmalion, der die nach seinen Vorstellungen ›ideale Frau‹ als Figur aus Marmor modellierte und sich dann unsterblich in sie verliebte. Professor Rosenthal führte mehrere Versuche dazu durch. Einige davon fanden in der Schule statt und bewiesen, daß ein Lehrer eine ganz bestimmte Vorstellung von einem Schüler hat und diesen entsprechend seiner Vorstellung formt. In einer Grundschule wurde mit den Schülern ein IQ-Test durchgeführt. Den Lehrern wurde gesagt, daß sich aufgrund dieses Tests die ›intellektuelle Leistungsfähigkeit‹ eines Menschen voraussagen ließe. Rosenthal suchte aus den Klassenregistern wahllos 20% der Schüler in jeder Klasse heraus. Er gab den Lehrern die Namen und erklärte ihnen, daß bei diesen Schülern im laufenden Schuljahr erhebliche Leistungsfortschritte zu erwarten seien.

Der Unterschied zu den anderen Schülern bestand damit nur in der Vorstellung der Lehrer, nicht in den Testergebnissen selbst. Die Überprüfung mit demselben Test, acht Monate später, zeigte, daß die Kinder, die den Lehrern als ›vielversprechend‹ geschildert worden waren, ihren IQ-Wert erheblich mehr als die anderen Kinder verbessert hatten.

Dieselben Ergebnisse zeigten sich bei Versuchen mit Erwachsenen und auch dann, wenn es sich nicht um intellektuelle Lernziele handelte, sondern z. B. um körperliche Tätigkeiten wie Schwimmen. Sogar Ratten, die von Studenten aufgrund vorheriger Informationen für intelligenter als andere gehalten wurden, verbesserten ihre Leistungen von Tag zu Tag, mehr als die ›dummen‹ Ratten.

Was passierte nun wirklich?

Personen, die eine positive Erwartung in ihre Schüler, Klienten, Ratten usw. setzen, schaffen um diese Individuen ein wärmeres emotionales Klima, das sich besonders in einer positiven, zuwendenden Körpersprache widerspiegelt. Sie geben ihnen mehr Rückmeldung über ihre Leistung, mehr Informationen. Insgesamt wird der Pygmalion-Effekt zu 95% über die Körpersprache ausgedrückt.

Die Schlußfolgerung aus diesen Untersuchungen ist daher: Die Macht der Erwartung, die wir an andere Menschen haben, ist so groß, daß wir damit auch ihr Verhalten beeinflussen.

Meist ist unser erster Eindruck nicht die erste Information, die wir über einen Menschen haben. Allein schon mit dem Ort, an dem wir ihn treffen, verbinden wir bestimmte

Vorstellungen: Wenn wir ihn im Kino treffen, schließen wir daraus, daß er sich für bestimmte Filme interessiert. Wenn wir ihn auf dem Fußballplatz sehen, gehen wir davon aus, daß ihn diese Sportart begeistert.

Häufig haben wir auch noch andere Vorinformationen über seinen Beruf, seine Familie oder seine Hobbys. Menschliche Begegnungen ohne jegliche Erwartungen und Vorstellungen sind gar nicht denkbar.

Ist unser erster Eindruck positiv, ist es weitaus problemloser, davon auszugehen, daß er richtig ist. Bei negativen Eindrücken sollten wir vorsichtig sein, ob wir dem anderen damit nicht unrecht tun. Vielleicht haben wir seine Körpersprache falsch interpretiert?

Oder die Person war nur in einer schlechten Verfassung? Sie war vielleicht gereizt, verärgert oder müde aus Gründen, die nichts mit uns zu tun haben. Auch unsere eigene Stimmung kann eine Rolle gespielt haben und vor allem, welche Erwartungen hatten wir selbst eigentlich?

Erste Eindrücke sollte man daher mit Vorsicht bewerten und stets bereit sein, sie zu revidieren. Denn jeder hat nur *eine* Chance, einen guten ersten Eindruck zu machen.

II. Körpersprache und Macht

1. Macht hat viele Gesichter

1.1. Macht

Das Phänomen der Macht wird unter den verschiedensten Gesichtspunkten behandelt. Dabei werden sich ähnelnde Ausdrücke wie Dominanz, Status, Autorität oder Einfluß gebraucht. Dennoch bestehen zwischen diesen Bezeichnungen – wenn auch zum Teil nur graduelle – Unterschiede.

Macht ist »das Vermögen einer Person oder Gruppe, ihre Ziele gegen Widerstände durchzusetzen. Diese Widerstände können in äußeren Umständen, im Willen Dritter oder in der eigenen Person liegen« (Brockhaus). Weiter heißt es dort: »Macht ist als Voraussetzung für ein geregeltes gesellschaftliches Zusammenleben sozial notwendig.«

M. Weber definiert soziale Macht als »die Chance, innerhalb einer sozialen Beziehung den eigenen Willen auch gegen Widerstreben durchzusetzen, gleichviel, worauf diese Chance beruht«.

In dieser Definition ist bereits enthalten, daß jede Situation oder menschliche Eigenschaft zu einer Machtstellung führen kann.

Dem Machtstreben wird ein enger Zusammenhang mit dem menschlichen Bedürfnis nach Sicherheit zugeteilt. Machtverhalten wäre damit eine Auswirkung des menschlichen Selbsterhaltungstriebes.

In jeder sozialen Gruppe entstehen durch die vielfältigen Unterschiede in Alter, Geschlecht, Bildung, Besitz und Geld etc. auch bestimmte Möglichkeiten, den eigenen Willen geltend zu machen und durchzusetzen.

Je differenzierter die Gruppe ist, um so verschiedenartiger wird auch die Machtverteilung und -ausübung.

Macht wirkt auf jede Gruppe, auf die sie sich erstreckt, zusammenhaltend und bindend. Je größer eine Gruppe ist, eine um so wichtigere Rolle spielen die Machtverhältnisse.

Macht ist somit ein Oberbegriff für Beziehungen, in denen eine oder mehrere Personen das Verhalten, die Einstellungen oder Überzeugungen anderer bestimmen.

Macht hat dabei verschiedene Grundlagen (z. B. körperliche Überlegenheit), Formen (z. B. Gewalt) und bedient sich verschiedener Mittel (z. B. Strafen).

1.2. Dominanz

Im Bereich der Tierwelt bezeichnet man mit Dominanz eine soziale oder territoriale Überlegenheit eines einzelnen oder einer Gruppe über andere. Dominanz legt eine bestimmte Rangfolge fest.

In der Persönlichkeitspsychologie ist Dominanz eine selbständige Dimension. Sie kennzeichnet das Streben einer Person nach einer Machtposition innerhalb einer sozialen Gruppe. Als charakteristisch für Dominanz gelten u. a. machtorientiert, hart, bestimmend, befehlsgebend, direktiv und selbstbehauptend. Eine dominante Person zeichnet sich demnach u. a. durch diese Eigenschaften aus.

Im Gegensatz zu Macht bezieht sich Dominanz also auf den einzelnen Menschen, seine Beziehungen und sein persönliches Streben des Überlegenseinwollens.

1.3. Autorität

Als Autorität bezeichnet man eine Person, die Autorität hat, d. h. die durch Befehle, Vorschläge oder Wünsche wiederholt Einfluß auf andere Personen ausübt, und zwar in die von ihr gewünschte Richtung.

Eine Person, die Autorität hat, besitzt die Macht, andere aufgrund ihrer Kompetenz (fachlich oder menschlich), ihres allgemeinen Ansehens (z. B. als Professor) oder durch die Verfügbarkeit von Machtmitteln (z. B. Geld) zu beeinflussen. Autorität, die auf Sachkenntnis, Wissen und Erfahrung beruht, hängt eng mit der Person zusammen. Ihrem Einfluß folgt man in der Regel freiwillig, und er wird auch nicht immer als Machtausübung verstanden.

Einer Person mit außergewöhnlichen Begabungen und Eigenschaften wird ein sogenanntes Charisma – eine bestimmte Ausstrahlung – zugeschrieben.

Basiert die Autorität jedoch auf Regeln oder Positionen, die in keinem Zusammenhang mit den persönlichen Fähigkeiten und Eigenschaften der betroffenen Person stehen, und ist sie nur mit entsprechenden Machtmitteln aufrechtzuerhalten, empfindet man sie eindeutig als Macht. Diese

Autorität meint man auch, wenn man von einer autoritären Person, z. B. einem autoritären Lehrer oder Vorgesetzten, spricht.

Autorität kann also, wenn sie keine freiwillige Verhaltens- oder Einstellungsänderung nach sich zieht, durchaus eine Form der Macht darstellen.

Besonders, wenn Autorität durch Gesetze zur legitimierten Macht wird, besteht die Gefahr, daß sie mißbraucht wird.

1.4. Status

Status ist der Standpunkt einer Person innerhalb einer Gesellschaft. Im Laufe der Zeit entwickelt jede Gesellschaft eine Rangordnung ihrer Mitglieder aufgrund bestimmter Werte. So nahmen in früheren Gesellschaften die Alten meist einen sehr hohen Rang aufgrund ihres Lebensalters und der damit verbundenen Erfahrung ein.

Mit der jeweiligen Position sind stets ein bestimmtes Ansehen, bestimmte Rechte und Pflichten verbunden, die dieser Person von den anderen zugestanden, bzw. deren Erfüllung von ihnen erwartet wird.

Der soziale Status wird seltener durch persönliche Eigenschaften und Begabungen bestimmt. In der Regel sind Merkmale wie Einkommen, Herkunft und Beruf wichtigere Faktoren. Äußerlich wird der Status häufig durch die Statussymbole sichtbar. Sie können in verschiedenen Formen auftreten: als Auto, Kleidung, Schmuck, Wohnungseinrichtung, bestimmte Abzeichen oder Titel. Statussymbole dienen insbesondere der Erkennung und der Unterscheidung. Man trägt sie nur, wenn man will, daß jeder den Status erkennt. So wird ein Kriminalbeamter meist auf seine Uniform verzichten, da er unerkannt bleiben will; ein Polizist dagegen trägt seine Uniform, um von anderen als solcher erkannt und akzeptiert zu werden.

Viele Menschen orientieren sich an diesen Statussymbolen und sind daher auch nur dann bereit, Machtpositionen anzuerkennen, wenn sie durch die entsprechenden Statussymbole direkt sichtbar sind.

Immer häufiger staffieren sich Menschen mit den Statussymbolen einer Gesellschaftsschicht aus, der sie gern angehören würden: Man trägt die unechte Rolexuhr und das unechte Lacoste-Hemd. Das Motto lautet: Wenn ich schon nicht dazugehöre, möchte ich wenigstens nach außen so sein – Schein statt Sein.

Status läßt sich unterscheiden zwischen dem zugeschriebenen Status (durch Geburt), dem übertragenen Status (z. B. als Angestellter einer renommierten Firma übernimmt man auch deren Status) und dem erworbenen Status (durch Leistung).

Sozialer Status und die Position (z. B. als Chef einer Firma) müssen nicht übereinstimmen. Gerade Personen, die einen Status anstreben, der ihnen aufgrund ihrer Stellung auch zustehen würde, umgeben sich mit Statussymbolen, die ihren – erwünschten – Status anzeigen und festigen sollen.

Je höher eine Person in der sozialen Hierarchie steht, je höher daher ihr Status ist, um so mehr Rechte und Freiheiten – und damit auch um so mehr Macht – hat sie. Status kann mit Macht identisch sein. Ein hoher Status ist eine mögliche Grundlage für Macht, aber ein hoher Status allein bedeutet noch nicht notwendigerweise Macht. Die Macht ist bereits vorher vorhanden, der Status ermöglicht es nur, sie auszuüben.

1.5. Gewalt

Gewalt ist die Anwendung von körperlichem und/oder psychischem Zwang gegenüber einer Person, um sie dem

Gewaltausübenden zu unterwerfen oder um dieser Schaden zuzufügen.

Gewalt kann daher als eine Methode angesehen werden, Macht auszuüben und dem anderen seinen Willen aufzuzwängen. Sie reicht dabei von sehr subtilen und milden Formen bis hin zur brutalen Gewalt, die im Extremfall für den anderen tödlich sein kann.

Psychische Gewalt dagegen wird sehr subjektiv erlebt und ist manchmal gar nicht offen erkennbar und daher kann die Enttäuschung oder seelische Verletzung einer Person und ihr daraus entstandenes Verhalten manchmal nicht verstanden werden. Ein Liebesentzug kann für manchen weitaus schmerzvoller und belastender sein, als eine körperliche Gewaltanwendung. Aber bei einem Liebesentzug spricht man nicht von Gewalt.

Auch der leichte Druck mit der Hand auf die Schulter, damit man sitzen bleibt, ist genaugenommen eine milde Form der Gewalt.

Der Staat übt seine Gewalt aus, wenn ein Mitglied die gesetzlichen Regeln bricht. Er kann sogar die Person seiner Freiheit berauben oder sie in manchen Staaten mit dem Tode bestrafen.

Gewalt wird oft mit Gegengewalt beantwortet. Die Stärke der Gewalt kann sich daher steigern, da der eine immer versuchen wird, die Gewalt seines Gegners zu übertreffen. An sich harmlose Situationen können dann schnell eskalieren und in Katastrophen enden.

Als höchste Form der Gewalt werden Waffen, die tödlich sein können, eingesetzt – es geht um Leben oder Tod, und jedes Mittel ist recht, um das Verhalten des anderen zu unterdrücken.

1.6. Manipulation

Manipulation ist ein Begriff für verschiedene Formen der Einflußnahme. Manipulation wird meist negativ bewertet, da sie dem Beeinflußten nicht bewußt ist und in erster Linie die Interessen des Beeinflussenden verfolgt.

Sie ist daher eine verdeckte, oft nicht bemerkte Form der Macht, die es den Beeinflußten daher auch schwer macht, sich dagegen zu wehren.

Der Vorwurf der Manipulation fällt besonders häufig in den Bereichen der Werbung, Politik, Pädagogik und bei den Massenmedien.

Die Mittel der Manipulation sind u. a. die Versuche, bei den Betroffenen bestimmte Bedürfnisse durch neue Anreize, Konformitätsdruck und Prestigesuggestion zu erzeugen.

2. Das Phänomen Macht

2.1. Macht ist ein Prozeß

Welchen Nutzen haben die verschiedenen Definitionen von Macht nun für die Praxis?

Einige Wissenschaftler sehen den Schwerpunkt in der Wirkung einer Machtbeziehung. Macht wird als Möglichkeit gesehen, seinen Willen einer anderen Person aufzuzwingen und deren Verhalten in der gewünschten Richtung zu beeinflussen. Dazu braucht man aber die jeweils geeigneten Machtmittel: Eine bestimmte Stellung gegenüber der Person, über die man Macht ausüben will, besondere Rechte, Geld oder andere materielle Werte, die für den anderen erstrebenswert sind.

Andere Forscher sprechen von Macht als einer Fähigkeit. Dabei besteht aber die Gefahr, Macht als eine überdauernde Fähigkeit und damit gewissermaßen als Besitz zu sehen. Macht als Fähigkeit wäre daher auch unabhängig von Machtmitteln. Aber in den meisten Fällen hat man nur dann Macht, wenn man auch über die entsprechenden Machtmittel verfügt. Machtverhältnisse ändern sich häufig abrupt, wenn die Machtmittel in die Hände des bisher Unterlegenen geraten. Gerade im politischen Bereich vollziehen sich diese Wechsel manchmal sehr schnell: Wer gestern noch der uneingeschränkte Machtinhaber war, kann morgen schon im Gefängnis sitzen.

Machtmittel können ihre Wirksamkeit verlieren, wenn der andere ihnen nicht dieselbe Bedeutung zumißt wie der Machtausübende. So wird der Versuch, ein Kind dadurch zu bestrafen, indem man ihm keine Schokolade mehr schenkt, keinen Erfolg haben, wenn dem Kind Schokolade nicht schmeckt. Selbst brutale Foltermethoden zeigen nicht die gewünschte Wirkung, wenn das Opfer seine Verschwiegenheit als höchstes Ziel ansieht und daher die Folter geduldig erträgt und eher seinen Tod hinnimmt, als ein Geständnis abzulegen.

Jedes Machtverhältnis wird immer von den beiden Beteiligten – dem Machtausübenden und dem, über den Macht ausgeübt wird – bestimmt. Das ›Funktionieren‹ eines Machtverhältnisses ist damit immer von beiden Personen abhängig, wenn es auch manchmal für den Unterlegenen sehr schwer ist, gegen die Macht anzukämpfen. Machtverhältnisse sind daher stets an die aktuelle Situation gebunden und nicht konstant.

Manchmal begibt man sich freiwillig in Machtverhältnisse und es besteht kein Grund zum Widerstand, ein anderesmal kämpft man wie besessen dagegen. Während man z. B. unter gleichaltrigen Freunden bestimmte Vorschriften und Regeln freiwillig befolgt, würde man dasselbe Verhalten nie zeigen, wenn es eine Autoritätsperson verlangen würde.

Macht ist damit immer Ausdruck einer sozialen Beziehung und nicht das Merkmal nur eines Beteiligten. Macht ist ein dynamischer Prozeß, der ständigen Änderungen unterliegt. Macht wird von verschiedenen Faktoren beeinflußt, die in einem Moment wirksam sind und bereits im nächsten vollkommen unbedeutend werden können. Zudem ist Macht etwas sehr Subjektives. Was der eine als Macht empfindet, ist für den anderen eine Selbstverständlichkeit. Dabei ist das subjektive Empfinden und Wahrnehmen von Macht entscheidender als die ›objektiv‹ ausgeübte Macht. So war es z. B. im traditionellen Rollenverständnis von Mann und Frau früher üblich, daß die Frau nur für Haushalt und Familie zuständig war und ihr eine eigene Berufstätigkeit vom Mann untersagt wurde. Die Frau wird darin nur dann eine Machtausübung des

Mannes empfinden und sich gegen dieses Verbot wehren, wenn sie mit ihrer Situation als Hausfrau nicht zufrieden ist oder einem eigenen Beruf nachgehen möchte.

Obwohl man ständig versucht – oft mit enormem Aufwand –, Machtverhältnisse aufrechtzuerhalten, wird man immer wieder mit der Tatsache konfrontiert, daß Machtverhältnisse etwas sehr Unstabiles sind und sich unvorhersehbar ändern können.

2.2. Macht haben und Macht zeigen

Machtverhältnisse sind als sich ständig verändernde Prozesse durch den unterschiedlichen Einsatz von Machtmitteln gekennzeichnet. Wer über Machtmittel verfügt, wird sie nicht in jeder Situation und im selben Ausmaß einsetzen.

So wird zum Beispiel ein Lehrer, in dessen Klasse ein Schüler durch lautes Reden den Unterricht stört, verschiedene Machtmittel ausprobieren, um die Störung zu beseitigen. Er beginnt vielleicht mit einer Ermahnung des Schülers mittels Blickkontakt und wirft ihm einen strafenden Blick zu. Hat er damit keinen Erfolg, kommt die verbale Ermahnung (»Sei doch bitte ruhig!«), die sich in Lautstärke und Tonfall bis zum Anschreien steigern kann. Als nächstes kommt es zur Androhung einer Strafe und schließlich zum Aussprechen und zum Vollzug der Strafe. Der Lehrer wird also nach und nach alle ihm verfügbaren Machtmittel einsetzen, um sein Ziel zu erreichen. Dabei wird er mit weniger wirksamen Machtmitteln beginnen und sich solange steigern, bis er Erfolg hat.

Es besteht also immer ein Unterschied zwischen der Macht, die man hat – welche Machtmittel einem auch grundsätzlich zur Verfügung stehen –, und zwischen der Macht, die man in einer konkreten Situation zeigt. Dabei wird aus rein rationellen Gründen meist nur so viel Macht eingesetzt, wie gerade noch reicht, um die momentan sichtbare Macht oder den Widerstand des anderen zu übertreffen.

Aus dem Verhältnis der zur Verfügung stehenden Machtmittel der Beteiligten kann man oft vorhersagen, wieviel Macht beide zeigen werden: Sind die Machtmittel gleich stark, werden beide höher einsteigen, das heißt, gleich zu Beginn ihre scheinbar wirksameren Machtmittel einsetzen.

Ist das Verhältnis sehr ungleich, muß der eine alles einsetzen, während der andere nur sehr schwache Machtmittel benutzen muß, um den anderen zu übertreffen.

Treffen zwei Personen aufeinander, die die Machtmittel ihres jeweiligen Gegners nicht kennen, kommt es zu einem gegenseitigen Abtasten. Der Machtkampf kann sich regelrecht hochschaukeln – bis einer der beiden zu seinem ›letzten Mittel‹ greift und seine Machtposition damit sichert.

Wieviel Macht man zeigt, hängt von vielen äußeren Faktoren und der Persönlichkeit des Betroffenen ab. Manche Menschen sind machthungrig und müssen jedem anderen demonstrieren, wie mächtig sie sind. Andere sind sich ihrer Machtposition so sicher, daß sie sie nicht durch den ständigen Einsatz ihrer Machtmittel sichern müssen. Im Gegensatz dazu stehen Menschen, die ständig befürchten – ob zu Recht oder zu Unrecht –, daß ihre Machtposition gefährdet ist und die daher versuchen, durch den (manchmal auch ungerechtfertigten) Einsatz ihrer Machtmittel ihre Position zu festigen und zu sichern.

Auch mit der Körpersprache kann man Macht zeigen. Manchmal ganz offen, aber manchmal auch auf ganz subtile Art und Weise. Diese Art von Machtausübung ist häufig beiden Beteiligten nicht bewußt, und die Folge ist, daß Machtverhältnisse – scheinbar ohne das Dazutun des Mächtigeren – funktionieren.

2.3. Beeinflussung und Kontrolle

Macht hat ein weites Spektrum. Auf der einen Seite steht die Beeinflussung. Man kann eine Person beeinflussen, indem man sie verbal von einer Sache überzeugt. Gelingt dies, so wird sich die Person freiwillig den Ansichten und Wünschen des anderen unterordnen. Es ist kein Zwang notwendig, sie entscheidet sich aus eigenem Willen dazu. Dabei können jedoch die Mittel der Überzeugung sehr manipulativ sein, und der Betroffene merkt nicht, mit welchen Tricks er zu seiner ›freiwilligen‹ Entscheidung gebracht wird. Gerade in den Bereichen der Massenmedien und der Werbung wird häufig mit manipulativen Methoden gearbeitet: Dem Leser, Zuschauer bzw. Kunden werden gewisse Informationen vorenthalten, Sachverhalte werden verzerrt dargestellt, oder bestimmte Aspekte werden übertrieben.

Das andere Extrem des Machtspektrums ist die vollständige Kontrolle über eine Person und ihr Verhalten. Man erzwingt ein bestimmtes erwünschtes Verhalten und kontrolliert, ob es auch aufrechterhalten wird. Damit ändert man zwar das äußere Verhalten einer Person, nicht aber ihre innere Einstellung. Die Person tut etwas, weil sie es tun muß, aber nicht, weil sie es tun will.

Ein Beispiel dazu ist der Versuch, das Rauchen aufzugeben. Jemandem, der nicht wirklich von sich aus mit dem Rauchen aufhören will, werden alle Kontrollmethoden der Raucherentwöhnung nichts nützen. Er wird immer wieder versuchen, seinem Wunsch zu rauchen nachzugeben, sobald die Kontrolle nicht mehr da ist.

Die Unterscheidung zwischen den Polen der Beeinflussung einerseits und der totalen Kontrolle andererseits ist daher besonders für den langfristigen Erfolg eines Machtverhältnisses wichtig.

Jemand, der von einer Sache überzeugt ist, wird seine

Meinung nicht so schnell wieder ändern. Er braucht keine ständige Kontrolle oder Androhung von Strafen. Dabei ist jedoch zu beachten, daß man sich in der Regel nur dann von etwas überzeugen läßt, wenn die damit verbundenen Forderungen mit den eigenen Vorstellungen und Wertsystemen übereinstimmen. So wird ein Geschäftsmann, für den Aufrichtigkeit und Ehrlichkeit wichtige Werte sind, sich kaum davon überzeugen lassen, daß er seinen geschäftlichen Erfolg nur mittels unseriöser Methoden erreichen kann.

Wenn man von einer Sache überzeugt ist, werden die sich daraus ergebenden Forderungen oder notwendigen Verhaltensweisen auch nicht mehr ausschließlich als ›fremde‹ Forderungen betrachtet. Man tritt mit Überzeugung für eine Sache ein, als basiere das Verhalten nur auf dem eigenen Willen.

Oft spielt dabei auch die Identifizierung mit dem Machtinhaber eine Rolle. Man bewundert diese Person, möchte so sein wie sie und übernimmt daher auch ihre Einstellungen und Verhaltensweisen. Ein extremes Beispiel dafür sind zahlreiche Jugendsekten. Ihre Anhänger sind vollkommen von ihrer ›Religion‹ und ihrem ›Meister‹ überzeugt und zeigen manchmal Verhaltensweisen, die für den Außenstehenden völlig unverständlich sind.

Am Pol der vollständigen Kontrolle sieht es dagegen mit der Stabilität der Machtverhältnisse anders aus. Das Verhalten der anderen Person wird nur erzwungen und entspricht nicht dem Willen der schwächeren Person. Daher wird sie ständig versuchen, der Kontrolle zu entgehen, dem Druck auszuweichen oder sich den Forderungen zu entziehen. In dieser Situation entwickeln die Menschen oft eine außerordentliche Phantasie und Kreativität, um den Machtinhaber ›auszutricksen‹. Die Aufrechterhaltung dieser Machtverhältnisse erfordert daher vom Machtinhaber ständig einen hohen Aufwand an Machtmitteln und Kontrollen.

2.4. Grundlagen der Macht

Macht basiert auf verschiedenen Grundlagen. Die Art der Grundlage bestimmt das Machtverhältnis und seine Beständigkeit. Die einfachsten Machtgrundlagen sind Belohnungen und Strafen. Jedes Verhalten, das belohnt wird, wird häufiger gezeigt, und jedes Verhalten, das bestraft wird, wird im Laufe der Zeit abnehmen. Belohnung und Bestrafung setzen jedoch eine ständige Beobachtung und Kontrolle voraus, um feststellen zu können, ob das zu belohnende bzw. zu bestrafende Verhalten überhaupt auftritt.

Strafe und Zwang erfordern zusätzlich oft eine ständige Erhöhung der Machtmittel. Strafen verlieren manchmal relativ schnell ihre abschreckende Wirkung, und man muß zu ›härteren‹ Mitteln greifen.

Aber auch die Bedeutung und Bewertung von Belohnungen kann sich ändern. Manche Dinge sind keine Belohnungen mehr, weil sie nicht mehr erstrebenswert sind oder man bereits damit ›überfüttert‹ ist.

Auch die Unterscheidung von Belohnung und Strafe ist nicht immer eindeutig. Eine beabsichtigte Strafe kann unter Umständen für eine Person eine Belohnung bedeuten, und umgekehrt kann eine Belohnung eher als Strafe wirken. Wenn z. B. in einer Firma einem Mitarbeiter aufgrund eines Fehlverhaltens untersagt wird, weiterhin für einen bestimmten Aufgabenbereich zuständig zu sein, der Mitarbeiter aber froh ist, in diesem Bereich nicht mehr tätig sein zu müssen, verfehlt die beabsichtigte Strafe sicher ihre Wirkung.

Eine weitere Machtgrundlage ist die Legitimation. Legitimierte Macht basiert auf Gesetzen oder allgemein anerkannten Regeln und Normen. Diese Machtverhältnisse sind in bestimmten Hierarchien festgelegt: Sie kommen in der Familie, im Berufsleben, in der Schule und in der gesamten Gesellschaft vor. Verschiedene Machtverhältnisse sind institutionalisiert, d. h. sie sind innerhalb einer Institution genau festgelegt. Beispiele sind Schulen, Firmen oder Behörden.

Grundsätzlich ist eine Machtbeziehung um so beständiger und anerkannter, je stärker sie institutionalisiert ist. Je festgelegter der strukturelle Rahmen und die jeweilige Position im sozialen Kontext ist, um so unangefochtener und problemloser ist das Machtverhältnis. Die zunehmende Anfechtung von Hierarchien und Fremdbestimmung läßt jedoch auch diese Art von Machtverhältnissen immer mehr ins Wanken geraten. Wenn die ›machtlose‹ Partei das bestehende Machtverhältnis nicht mehr toleriert, wenn sie Rollenvorschriften und Regeln kritisch hinterfragt, lokkern sich die starren Machtverhältnisse auf, und für die Machtinhaber wird es zunehmend schwieriger, ihre Position zu behaupten.

Auch Identifikation kann eine Machtgrundlage sein. Wer sich mit einer mächtigen Person identifiziert, möchte so sein wie sie und übernimmt damit auch ihre Einstellungen und Verhaltensweisen. Identifikation ist ein psychologischer Prozeß, bei dem eine Bereicherung der eigenen Person durch die Übernahme fremder Verhaltensweisen erreicht wird. Je schwächer das Selbstwertgefühl ausgeprägt ist, um so eher wird man bereit sein, sich mit einer anderen Person zu identifizieren, um damit sein Selbstbewußtsein zu steigern. Macht durch Identifikation funktioniert automatisch, solange die Identifikation mit dem Machtinhaber besteht. Sie bedarf keiner Kontrolle und garantiert ein sehr stabiles Machtverhältnis.

Sachkenntnis kann eine weitere Grundlage von Macht sein. Hier ist Macht jedoch unabhängig von der Person.

Bringt man sein Auto in eine Werkstatt, so hat jeder Automechaniker zunächst einmal Macht aufgrund seiner Sachkenntnis: Nur er weiß, was am Auto kaputt ist und wie man es reparieren kann. Auch diese Art von Machtverhältnis ist relativ problemlos, solange die Sachkenntnis nur bei einer Person liegt.

Die Beschreibung der verschiedenen Grundlagen der Macht ermöglicht ein besseres Verständnis von Machtverhältnissen und den damit auftauchenden Problemen – auch im Zusammenhang mit der Körpersprache.

3. Macht – ein zentraler Aspekt der Körpersprache

3.1. Gleiche und ungleiche Beziehungen

So unterschiedlich Beziehungen auch sein können, sie lassen sich immer nach dem Kriterium der Gleichheit bzw. Ungleichheit beschreiben.

Bei manchen Beziehungen ist die Ungleichheit stark ausgeprägt und deutlich sichtbar: z. B. bei Lehrer – Schüler, Mutter – Kind, Arzt – Patient usw. Die Ungleichheit kann dabei durch verschiedene Faktoren, wie durch Alter, Wissen, Geld, Kompetenz, Intelligenz oder Status bedingt sein. Ungleiche Beziehungen sind immer hierarchische Beziehungen: Einer steht ›höher‹ als der andere, weil er mehr Erfahrung, mehr Geld usw. und damit auch mehr Macht hat. Macht ist die vertikale Dimension einer Beziehung. Je stärker die Hierarchie ausgeprägt ist, um so ausgeprägter sind die Machtverhältnisse und um so schwerer kann man sie durchbrechen.

Es gibt kaum Beziehungen, in denen die beteiligten Personen wirklich gleichberechtigt sind. In der Regel ist jeder bestrebt, Macht auszuüben, wenn auch nur sehr subtil und unbewußt. Macht wird häufig verschleiert oder hinter Aussagen wie: »Ich meine es ja nur gut mit dir« versteckt. Steht dahinter aber wirklich nur der Wunsch, dem anderen zu helfen? Oder geht es dabei auch um die Befriedigung eigener Bedürfnisse? Manchmal ist es schwer, Machtverhältnisse zu erkennen und zu durchschauen.

Eine vollkommen gleichberechtigte Beziehung würde bedeuten, daß keiner der beiden Beteiligten den anderen in irgendeiner Weise einschränken will oder über ihn bestimmen will. Da aber jeder Mensch unterschiedliche Bedürfnisse, Vorstellungen und Wünsche hat, bleibt immer nur die Wahl, entweder seine eigenen Wünsche durchzusetzen und damit zumindest im Moment gegen den anderen zu sein oder sich den Bedürfnissen seines Gegenübers anzupassen.

Auch hier spielen viele Faktoren eine Rolle: Inwieweit hat man es gelernt, auf etwas zu verzichten? Wie wichtig sind bestimmte Dinge für jemand? Wie gut kann man sich durchsetzen? Wie kompromißbereit ist man?

Zwischenmenschliche Kommunikationsprozesse beinhalten immer eine gegenseitige Beeinflussung. Jede Aussage oder Handlung einer Person ist ja bereits eine Reaktion auf eine Aussage oder Handlung des Gegenübers.

Wird das Verhältnis – und damit auch die Machtverteilung – von beiden Partnern akzeptiert, gibt es in der Regel keine Probleme. Jeder verhält sich seiner Rolle entsprechend. Schwierigkeiten entstehen vor allem dann, wenn das Verhältnis nicht klar definiert ist und jeder von unterschiedlichen Vorstellungen und Erwartungen ausgeht.

Je nach Art der Beziehung ändert sich auch die Bedeutung der körpersprachlichen Signale.

Liebespaare suchen die gegenseitige körperliche Nähe und gehen z. B. eng umschlungen spazieren. Diese körperliche Nähe kann jedoch schnell unangenehm werden, wenn fremde Menschen einem zu nahe treten oder einen sogar noch anfassen. Man fühlt sich bedrängt, eingeengt oder bedroht. Dasselbe körpersprachliche Signal, körperliche Nähe oder Berührung, wird also einmal als Ausdruck von Zuneigung und Anziehung gewünscht und akzeptiert, das andere Mal als unangenehm oder bedrohlich empfunden.

Die Art der Beziehung ist die Grundlage für die Funktion und Bedeutung einzelner körpersprachlicher Signale. Nachdem gleiche Beziehungen äußerst selten sind und dann nur kurze Zeit bestehen, liegt es auf der Hand, daß Körpersprache häufig dazu dient, Macht auszudrücken. Bei ungleichen Beziehungen wird der Höherstehende stets darauf bedacht sein, das bestehende Machtverhältnis aufrechtzuerhalten und deshalb mehr oder weniger Kontrolle über den anderen auszuüben. Eine gleiche Beziehung bedeutet auch, daß jeder der beiden dieselben körpersprachlichen Signale zeigen darf. Er darf ihr z. B. den Arm genauso häufig um die Schultern legen wie umgekehrt. Körpersprachliche Signale sind aber nicht nur in ihrer Bedeutung abhängig von der jeweiligen Beziehung, bestimmte Signale treten auch nur in bestimmten Beziehungen auf.

3.2. Körpersprache legt Strukturen fest

Während Sprache in erster Linie den Inhalt vermittelt, ist Körpersprache das Hauptmittel, um die Art der Beziehung zwischen zwei Personen auszudrücken.

Die meisten Beziehungen sind ungleich. In bestimmten Bereichen hat einer der beiden Partner mehr Macht; aufgrund seines Alters, seines Geschlechts, seiner sozialen Stellung oder weil er etwas besitzt, was der andere braucht oder haben möchte.

Die Körpersprache gibt dabei Hinweise auf die bestehende Beziehung und legt auch gleichzeitig die Struktur einer Beziehung fest. So darf z. B. ein Vorgesetzter ohne anzuklopfen das Zimmer eines Mitarbeiters betreten, er darf ihm auf die Schulter klopfen und ihn sogar ›anschreien‹, während dieses Verhalten umgekehrt für den Mitarbeiter unmöglich ist.

Soziale Rollen legen den Verhaltensspielraum von Personen fest. Bestimmte körpersprachliche Signale darf man zeigen, andere sollte man vermeiden bzw. sind verboten.

Treffen zwei Menschen aufeinander, so läßt sich meist allein an der Körpersprache die Art der Beziehung, in der die Personen zueinander stehen, beobachten: Wer grüßt wen zuerst? Wer reicht wem die Hand? Wer hält wem die Tür auf? Wer steht oder sitzt wo?

Jede soziale Rolle hat ihre spezifische Körpersprache. Dementsprechend verändert man auch seine Körpersprache, wenn man seine Rolle wechselt. Dieselbe Person wird sich z. B. als Geschäftspartner oder als Familienvater unterschiedlich verhalten.

Achtet man auf die Körpersprache, wenn man eine Person kennenlernt, kann man manchmal schnell erkennen, warum man sich unterlegen – und damit in der Regel unwohl – oder überlegen fühlt.

Bei bereits bestehenden Beziehungen spiegelt sich in der Körpersprache stets die Art der Beziehung wider. Viele tausend Handlungen unterstützen so tagtäglich die Struktur einer Beziehung. Das gilt sowohl für die Beziehung zweier Menschen als auch für ganze gesellschaftliche Gruppen.

Mit Hilfe der Körpersprache erfüllen wir oft automatisch unsere traditionellen Rollen, als Mann oder Frau, als Berufstätige, als Familienmitglieder usw.

Wir sind uns dieses Verhaltens häufig nicht bewußt. Erst, wenn Abweichungen auftreten und sich jemand nicht so verhält, wie er sich in seiner Rolle oder Position verhalten sollte, fallen uns bestimmte – unangemessene – körpersprachliche Signale auf.

Körpersprache legt die Struktur einer Beziehung fest. Damit gewinnen wir auch ein enormes Maß an Sicherheit im Umgang mit anderen Menschen. Jeder, der schon einmal in einem ihm vollkommen fremden Kulturkreis war, kennt das Gefühl der totalen Verunsicherung, wenn jegliche Ansatzpunkte für die richtige Deutung körpersprachlicher Signale fehlen.

3.3. Im Teufelskreis der Körpersprache

Körpersprache legt nicht nur Strukturen fest, sie erhält sie auch aufrecht.

Bei ungleichen Beziehungen wird der Höherstehende oder Mächtigere stets versuchen, seine Position zu sichern und zu behaupten. Dazu wendet er als erstes körpersprachliche Signale an: Ein strenger Blick, eine kurze Berührung, eine Handbewegung – Signale, die ausdrücken, daß man mit dem Verhalten des anderen nicht zufrieden ist und es ändern möchte.

Meist reagieren wir auf diese Signale automatisch und erfüllen damit die an uns gestellten Erwartungen.

Durch die Verteilung der sozialen Rollen entsteht in jeder Gesellschaft eine bestimmte soziale Ordnung. Körpersprache ist dabei ein wichtiges Mittel, die bestehende soziale Ordnung aufrechtzuerhalten und zu stabilisieren. Das oft fehlende Bewußtsein für körpersprachliche Signale und die automatische Reaktion auf diese Signale machen sie zum idealen Mittel, um soziale Strukturen zu regulieren.

Tritt in einer Beziehung zuviel Veränderung auf, erfolgt in der Regel zunächst eine Drohung oder Zurechtweisung durch körpersprachliche Signale. Erst, wenn diese nicht wirksam sind, werden sie durch sprachliche Signale verstärkt. Manchmal genügt schon ein Blick unseres Gegenübers und wir wissen, daß wir etwas falsch gemacht haben, und verändern unser Verhalten in die gewünschte Richtung.

Die verschiedenen sozialen Rollen und die damit verbundene soziale Ordnung fördern und unterstützen also bestimmte körpersprachliche Signale. So ist das akzeptierte Verhaltensrepertoire einzelner Rollen, wie z. B. das des Lehrers und des Schülers, festgelegt.

Umgekehrt unterstützen bestimmte körpersprachliche Signale wiederum die soziale Ordnung: So wird ein Lehrer seine Position durch den Einsatz der entsprechenden Körpersprache aufrechterhalten. Zwischen der Körpersprache und der sozialen Ordnung besteht daher kein einfaches Ursache-Wirkung-Verhältnis. Dazu kommt die manchmal unklare Bedeutung körpersprachlicher Signale. Sind wir uns bei der Interpretation eines Signals unsicher, so orientieren wir uns meist an den Interpretationen, die der sozialen Rolle des Gegenübers entsprechen. So deutet man vielleicht das Lächeln seines Vorgesetzten als verächtlich und herablassend – obwohl es nur freundlich gemeint war –, weil ein freundliches Lächeln nicht zur Rolle des sonst sehr ernsten und strengen Chefs paßt.

Die soziale Rolle kann so die tatsächliche Botschaft der Körpersprache überschatten.

Ein prekäres Beispiel dazu ergab sich in verschiedenen Strafprozessen, in denen es um die Vergewaltigung von Frauen ging. Dabei machten die Angeklagten geltend, daß die Frauen ja schließlich – wie es einer unter Männern häufig verbreiteten Meinung entspricht – vergewaltigt werden wollten, obwohl sie sich heftig dagegen wehrten. Der Widerstand der Frauen wurde dabei letztlich nur als Beweis für diese These betrachtet. Die Frauen hatten also keine Chance: Egal, was für ein Verhalten sie zeigten, ob sie Widerstand leisteten oder nicht, ihr Verhalten wurde in derselben Art interpretiert. Bei einigen dieser Prozesse wurden die Männer aufgrund dieser Argumentation sogar freigesprochen.

Gerade bei Männern und Frauen wird das Geschlecht häufig als die Ursache für unterschiedliche körpersprachliche Verhaltensweisen angesehen. Eine Frau macht eben kleinere Schritte und hat eine höhere Stimme, weil sie eine Frau ist. Die meisten dieser Unterschiede sind jedoch nicht angeboren, sondern wurden erst im Laufe der Sozialisation gelernt. Der Zusammenhang zwischen Geschlecht, sozialer Rolle, gesellschaftlicher Ordnung und damit auch Macht wird dabei meist außer acht gelassen.

Soziale Rollen legen die Beziehungen und damit auch die Machtverhältnisse zwischen Menschen fest, und die Körpersprache ist ein sehr wesentliches Mittel, mit dem diese Machtverhältnisse aufrechterhalten werden.

3.4. Körpersprache – der Schlüssel für Veränderungen?

Körpersprache legt Strukturen fest und erhält sie gleichzeitig auch aufrecht. Liegt daher in der Körpersprache auch der Schlüssel für die Veränderung von Beziehungen und damit von Machtverhältnissen?

Meist ist es sehr schwierig, bereits bestehende Beziehungen in ihrer Struktur zu verändern. Wer einmal der Überlegene war, der wird seine Position nicht so schnell aufgeben. Zusätzlich macht sich jeder im Laufe der Zeit ein Bild vom anderen und ordnet ihn entsprechend ein. Manchmal hat man keine Chance, dem Partner seine tatsächlichen – vielleicht mittlerweile veränderten – Einstellungen und Meinungen mitzuteilen, besonders, wenn diese nicht mehr mit seinem Bild von uns übereinstimmen.

Was aber passiert, wenn wir unsere Körpersprache verändern? Wenn der schüchterne und zurückhaltende Freund plötzlich selbstbewußt und forsch auftritt? Zunächst wird man verunsichert sein und versuchen, ihn wieder in das ›alte Bild‹ zu rücken. Hält das neue Auftreten jedoch an, muß man sich mit der Veränderung abfinden. Dabei wirken Veränderungen der Körpersprache weit überzeugender als Worte.

Will man Beziehungsstrukturen verändern, muß man auch die Körpersprache verändern. Worte allein genügen meist nicht, und sie werden schnell zu leeren Hülsen, wenn die Beziehung im Grunde genommen gleich bleibt.

Das Bewußtwerden der eigenen Körpersprache ist der erste Schritt für geplante Veränderungen. Nur was einem bewußt ist, kann man auch gezielt verändern.

Veränderungen können bei scheinbar unwichtigen Kleinigkeiten ansetzen: Eine andere Körperhaltung, ein anderer Blick oder ein Lächeln können große Wirkungen haben.

Betrachtet man die körpersprachlichen Signale genauer, dann wird deutlich, wie eng sie mit Macht verbunden sind.

III. Macht durch Körpersprache

1. »Sperr mich nicht ein!«

1.1. Wer Macht hat, hat Raum

In jeder Situation seines Lebens bewegt sich der Mensch in einem bestimmten, ihn umgebenden Raum. Die Art, mit diesem Raum umzugehen – das Territorialverhalten –, beinhaltet Verhaltensweisen, mit deren Hilfe man ein Gebiet absteckt, markiert oder gegen andere verteidigt. Die meisten Beobachtungen dazu stammen aus dem Tierreich. Um das Territorialverhalten auch als ein menschliches Phänomen zu betrachten, ist es nicht notwendig, an einen angeborenen Trieb zu glauben. Das Verhalten der Tiere, das wir sehr viel genauer beobachten können, beleuchtet zweifellos auch verschiedene Aspekte des menschlichen körpersprachlichen Verhaltens. Wenn wir das Verhalten von Tieren bei der Verteidigung ihres Reviers betrachten, fällt es schon schwer, derartige Verhaltensweisen, die unter ähnlichen Umständen auch beim Menschen auftreten, lediglich als Ausdruck individueller Unterschiede zu betrachten.

Im Tierreich gibt es eindeutige Merkmale, wann und wie Territorialverhalten Dominanz widerspiegelt: Dominante Tiere kontrollieren ein größeres Gebiet. Sie können sich freier im Territorium eines anderen Tieres oder im gemeinsamen Raum bewegen. Sie haben einen größeren persönlichen Raum um sich herum zur Verfügung. Untergeordnete Tiere halten Abstand zu dominanten Tieren, wenn sie sich ihnen nähern oder an ihnen vorbeigehen. Dominante Tiere besetzen die besseren Positionen. Sie können daher gewünschte Ressourcen wie Nahrung und Wasser besser überblicken und kontrollieren.

Ähnliche Dinge lassen sich auch beim Menschen beobachten. Allerdings wurden über das räumliche Verhalten in menschlichen Hierarchien weit weniger Untersuchungen durchgeführt.

Die auffallendste Beobachtung ist, daß die soziale Elite stets auch die räumliche Elite ist. Privilegierte Menschen haben mehr Raum zur Verfügung als weniger Privilegierte. Sie haben größere Grundstücke, größere Wohnungen oder Häuser, eine größere Anzahl von Zimmern, zusätzliche Ferienhäuser und größere Autos. Ihre räumliche Mobilität ist größer. Sie haben schnellere Autos oder gar ein Privatflugzeug, zumindest aber das Geld, um möglichst schnell von einem Punkt zu einem anderen zu kommen. Diese Mobilität ermöglicht ihnen auch, schneller den engen und unbequemen Situationen zu entkommen. Raum ist ein Privileg der Reichen. Die Armen müssen sich mit kleinen Wohnungen, überfüllten Städten, überbelegten Krankenhäusern begnügen, und sogar die Friedhöfe der Armen sind kleiner. Geld ist in unserer Gesellschaft das wichtigste

Wohnblöcke – der begrenzte Raum verweist auf den sozialen Status

Kennzeichen von sozialem Status und Macht. Wer Geld hat, hat Macht und Raum.

Wie durchgängig dieses Prinzip ist, zeigen Untersuchungen, die belegten, daß mit der Höhe des Status auch der Raum, der z. B. für die Unterschrift beansprucht wird, zunimmt. Unterschiede bestehen zwischen Männern und Frauen. Daß Männer in unserer Gesellschaft in der Regel einen höheren Status haben, drückt sich auch im Raumverhalten aus. Der Mann hat sein privates Arbeitszimmer oder zumindest seinen persönlichen Fernsehsessel, während die Frau nicht über derartige eigene Räume verfügt. Der Mann fährt das größere und schnellere Auto, die Frau den kleineren Zweitwagen – was meist nicht aus rein wirtschaftlichen Überlegungen notwendig ist. Nicht nur der verfügbare Raum ist bei Frauen kleiner, auch ihr körperliches Verhalten wird öfter räumlich beschränkt. Während Männer den verfügbaren Raum auch beanspruchen und in ihrer Körperhaltung, beim Stehen oder Sitzen mehr Raum einnehmen, machen sich die Frauen eher ›dünn‹. Ihre Körperhaltungen sind enger – teils auch durch die Kleidung bedingt. Sie vermeiden Berührungen, und wenn sie doch passieren, weichen sie zurück.

Körperhaltung und Gestik hängen eng mit dem Raumverhalten zusammen.

Der persönliche Raum von Frauen wird öfter verletzt als der von Männern. Sowohl Männer als auch Frauen halten zu Frauen einen geringeren Abstand ein als zu Männern.

Bereits Kinder drängen in weitaus größerem Maße in die Privatsphäre der Mutter als in die des Vaters ein.

Beobachtungen auf der Straße zeigen, daß Frauen den Männern auf dem Bürgersteig häufiger und früher ausweichen, ebenso wie jüngere Personen älteren eher Platz machen.

Größere Autos bieten den Eigentümern nicht nur mehr Platz zum Sitzen, sie beanspruchen auch mehr Platz auf der Straße. Kleinere Autos weichen größeren schneller aus – oft allerdings nicht freiwillig, was zu erbitterten Machtkämpfen auf der Straße führt.

In allen Bereichen des privaten und öffentlichen Lebens gilt das ungeschriebene Gesetz, daß der zur Verfügung stehende Raum mit der Höhe des Status und der Macht zunimmt.

1.2. Wer Macht hat, hat den besseren Raum

Die Mächtigen und Privilegierten haben nicht nur größere Räume zur Verfügung, auch die Qualität der Räume ist höher.

Ihre Grundstücke und Häuser liegen in besseren Gegenden, etwa in den ruhigen Vororten der Städte, direkt am Ufer eines Sees oder am Strand, hoch auf einem Hügel mit schönem Blick auf die Landschaft. In Hochhäusern wohnen sie in den obersten Etagen, manchmal mit einer Dachterrasse.

Ebenso sieht es im Berufsleben aus:

Die Chefbüros sind größer, heller, aus ihren Fenstern hat man einen schöneren Blick, und sie liegen meist in den oberen Stockwerken. Sie haben zum Teil private Aufzüge und Toiletten, und die Sekretärin im Vorzimmer hat die Aufgabe, ungewünschte Besucher abzuweisen. Je niedriger die Position innerhalb einer Firma ist, um so kleiner werden die Büros und damit die zugestandene Privatsphäre. Während Großraumbüros mit Trennwänden wenigstens noch einen gewissen visuellen Schutz bieten, ist die Privatsphäre in offenen Großraumbüros völlig ungeschützt. Die Büros der kleinen Angestellten sind meist dunkler oder lauter.

Nicht nur der Raum an sich ist besser, auch die Ausstattung ist exklusiver und bequemer: geschmackvolle und moderne Möbel, bequemere Sitzgelegenheiten, schönere Teppichböden, größere Schreibtische, wertvolle Bilder an den Wänden und größere Pflanzen.

Wie sehr manche Firmen darauf bedacht sind, diese Grundsätze einzuhalten, zeigt folgendes Beispiel: In einer Firma wurden neu erworbene Pflanzen entsprechend ihrer Größe und dem Status der Angestellten verteilt. Aufgrund sorgfältigerer Pflege oder der geeigneteren Standplätze wuchsen die Pflanzen der unteren Ebenen jedoch weitaus

Großraumbüros – jeder ist vor jedem ungeschützt

besser und schneller als die Pflanzen der Chefetagen. Um diese Unstimmigkeit zu beseitigen, entschloß sich die Firmenleitung kurzerhand zu einer erneuten Umverteilung.

Auch größere Autos bieten mehr Sitz- und Fahrkomfort. Die Sitzplätze im Auto werden entsprechend den Positionen verteilt. Bei mehr als zwei Personen darf meist die bedeutendere Person vorne sitzen.

Stets sind die besten Plätze im Kino, im Theater oder bei Konzerten auch die teuersten und damit ein Privileg der Personen, die sie sich leisten können.

Der Zutritt zu exklusiven und teuren Privat-Clubs muß entsprechend bezahlt werden.

Erste-Klasse-Abteile in Zügen und Flugzeugen bieten einen höheren Komfort.

Ein weiteres Beispiel sind Tischordnungen. Höhergestellte und dominante Personen sitzen in der Regel am Kopfende von rechteckigen Tischen. Damit haben sie eine abgehobene Position von den anderen: Ihr Abstand zu den

Nachbarn ist größer, sie haben einen besseren Überblick, werden besser gesehen und können sich gleichzeitig an alle Beteiligten wenden und deren Aufmerksamkeit auf sich lenken. Je wichtiger und bedeutender eine Person ist, um so näher sitzt sie beim Vorsitzenden oder Gastgeber. Eine bessere Position ist auch das Sitzen mit dem Rücken zur Wand. Man muß keine Gefahren von hinten befürchten. Man hat Rückendeckung. Heute ist diese Bedeutung zwar nur noch symbolisch, früher hatte sie durchaus ihre Berechtigung.

Bei Versammlungen hat die räumliche Anordnung Wirkungen auf das Verhalten der Beteiligten. Bei einer Sitzordnung in Form eines Kreises hat jeder dieselben Rechte auf eine Teilnahme am Gespräch oder der Diskussion. Dagegen sind die Rollen bei Vorlesungen, Vorträgen oder beim Unterricht, wenn der Redner, Dozent oder Lehrer am Kopfende des Raumes steht, anders verteilt. Während sie das Recht oder die Pflicht haben zu reden, hören die anderen nur zu.

Auch höhere Positionen werden bevorzugt. Man kann andere von oben herab behandeln, man ist ihnen überlegen.

Bei Gerichtsverhandlungen sitzt der Richter stets über dem Angeklagten.

Auf dem Siegerpodest steht der Sieger stets auf der höchsten Stufe, gefolgt vom Zweiten und Dritten.

Höhe ist meist etwas Erstrebenswertes: Wir steigen auf der Leiter des Erfolges empor – aber fallen in den tiefen Abgrund oder stürzen ab.

Charlie Chaplin bringt in seinem Film ›Der große Diktator‹ ein sehr komisches Beispiel für die Bedeutung von Höhe. Die Szene spielt in einem Friseursalon. Charlie Chaplin und Jack Oakie sitzen als Hitler und Mussolini nebeneinander auf zwei Frisierstühlen und lassen sich rasieren. Jeder versucht nun, dem anderen zu beweisen, daß er selbst der oberste Führer ist. Dabei sind ihre Möglichkeiten beschränkt: Sie haben beide Rasierschaum im Gesicht und sind mit großen Tüchern an ihre Stühle gefesselt. Aber sie finden ein Mittel, ihre Überlegenheit zu demonstrieren: das Hochdrehen der Frisierstühle. Wer am höchsten kommt, der hat gewonnen. So versuchen beide krampfhaft, ihren Sessel immer höher zu drehen, um damit ihre Überlegenheit auszudrücken.

Umgekehrt müssen sich rangniedrigere Personen verbeugen und verneigen, um ihre Unterlegenheit auch in ihrer Körperhaltung auszudrücken.

Andererseits müssen sie stehenbleiben, während dominante Personen sich hinsetzen dürfen. Dienstpersonal muß stehen, während die Herrschaften sitzen. Hier ist nicht die Höhe und Größe entscheidend, sondern das Recht, eine bequeme Position, einen besseren Platz einnehmen zu dürfen – meist sogar auf speziellen Sitzgelegenheiten.

1.3. »Komm mir nicht zu nahe!«

Jeder Mensch hat seine ganz individuellen Raumbedürfnisse und richtet sein Abstandsverhalten nach ›ungeschriebenen Gesetzen‹.

Der Gebrauch des Raumes hängt eng mit dem Empfinden zusammen, eine andere Person als ›nahestehend‹ oder ›entfernt‹ zu betrachten. So spricht man von ›nahen‹ Freunden und ›entfernten‹ Bekannten.

Dr. E. Hall, Professor für Anthropologie in den USA, hat diese Raumbedürfnisse und ihren Zusammenhang mit der Art der Beziehung der Kommunikationspartner untersucht und dabei vier Zonen herausgefunden, innerhalb derer die meisten Menschen kommunizieren: die öffentliche, die soziale, die persönliche und die Intimzone. Diese Zonen beschreiben Gebiete von unterschiedlicher Größe, in denen wir uns bewegen und die mit zunehmender Vertrautheit kleiner werden. Die Größe der Zonen variiert in den verschiedenen Kulturen. Die folgenden Angaben gelten für den Amerikaner. Die kleinste Zone ist die Intimzone, die unseren Körper fast wie eine zweite Haut umgibt. Sie beginnt mit dem unmittelbaren Hautkontakt und reicht bis zu einer Entfernung von ca. 60 cm.

Intensiverer und längerer Körperkontakt – keine kurzfristigen Berührungen – kommt nur bei sehr intimen Beziehungen vor: bei Liebespaaren, bei Kindern, die sich an ihre Mutter kuscheln oder klammern. Für Kinder ist der direkte Körperkontakt sogar notwendig. Untersuchungen in Kinderheimen haben gezeigt, daß Kinder, die zu wenig oder gar keine körperliche Zuwendung von ihren Bezugspersonen bekommen, mit schweren Verhaltensstörungen – dem sogenannten Hospitalismus – reagieren.

Erwachsene haben einen sehr unterschiedlichen Umgang in bezug auf den Körperkontakt. Manche mögen ihn und empfinden ihn als angenehm, andere wollen nicht angefaßt werden.

Die Voraussetzung, unter der wir jemanden freiwillig in unsere Intimzone hineinlassen, ist Vertrauen. Vertrauen allein aber reicht noch nicht aus. Obwohl wir Vertrauen zu einer Person haben, möchten wir einen größeren Abstand wahren. Oft genug kommt uns jemand ›zu nahe‹ oder ›rückt uns auf die Pelle‹. Wir fühlen uns bedrängt oder gar bedroht, zumindest aber unwohl.

Die Größe der Intimzone hängt vom Status einer Person und von ihrem eigenen Sicherheitsbedürfnis ab.

Je sicherer wir uns fühlen, um so näher können wir andere an uns heranlassen. Je unsicherer man ist, um so mehr Raum für Schutzgesten, Rückzugs- und Fluchtstrategien braucht man. Introvertierte Menschen benötigen bei einer Unterhaltung eine größere Distanz zu ihrem Gesprächspartner als extrovertierte Menschen.

Frauen können eher in die Intimzone eines Mannes eindringen als umgekehrt.

Gewalttätige Menschen brauchen eine größere – manchmal doppelt so große – Intimzone wie andere Menschen. Sie fühlen sich daher schneller bedroht und wehren sich.

Viele Menschen, besonders Vorgesetzte, Verkäufer, Ausbilder, Lehrer und Eltern, dringen oft – zum Teil unbewußt – in die Intimzone anderer Personen ein und greifen damit ihre Sicherheit an.

Der Lehrer, der sich von hinten einem Schüler nähert, um ihm dann seine Hand auf die Schulter zu legen, oder der sich von oben über einen sitzenden Schüler beugt, kann damit beim Betroffenen unangenehme Gefühle auslösen. Meist gibt dieser sein Unbehagen auch körpersprachlich zu verstehen – aber viele erkennen diese Signale nicht.

Je unsicherer ein Mensch ist, um so mehr leidet er auch an einem unerwünschten Eindringen in seine Intimsphäre. Je unterlegener seine Position gegenüber dem Eindringling ist, um so schwerer kann er sich dagegen wehren.

Diese Erkenntnis macht man sich besonders bei der Verhörtechnik zunutze: Vernehmende Beamte dringen oft bewußt in die Intimzone des Verdächtigen ein. Der Verdächtige sitzt nicht hinter einem Tisch oder ähnlichem, was ihm Sicherheit geben oder als Barriere dienen könnte. Je mehr die Verteidigungslinien des Verhörten angegriffen werden, um so weniger Sicherheit hat er und um so mehr leidet sein Selbstvertrauen.

Auch ein Raubtierdompteur arbeitet mit den Erkenntnissen über die Intimzone. Er dringt langsam in die Intimzone des Tieres ein. Das Tier weicht zunächst zurück und setzt dann zum Angriff an. In dem Moment, in dem ein weiteres

Zurückweichen nicht mehr möglich ist und der Angriff unmittelbar bevorsteht, verläßt der Dompteur die Intimzone des Tieres. Der Grund des Angriffs entfällt, und das Tier bleibt in der Sprunghaltung sitzen.

Die Nichtbeachtung der individuellen Intimzone führt bei vielen zwischenmenschlichen Kontakten zu Mißerfolgen und Schwierigkeiten, deren Grund den Beteiligten oft nicht bewußt ist.

So dringen Verkäufer häufig in die Intimzone ihrer Kunden ein und behindern damit ihren eigenen Verkaufserfolg. Viele Kunden ziehen daher eine Beratung vor, bei der der Verkäufer hinter dem Ladentisch steht. Die meisten kennen vermutlich solche Situationen aus eigener Erfahrung: Man steht an einem Regal, betrachtet verschiedene Produkte, der Verkäufer kommt auf einen zu und dringt in die Intimzone ein. Man fühlt sich bedrängt, weicht zurück oder verläßt daraufhin den Laden. Extrem ist diese Situation manchmal beim Kauf von Kleidungsstücken: Man steht in der Umkleidekabine, die Verkäuferin reißt – ohne zu fragen – den Vorhang auf und betrachtet das neue Kleidungsstück an einem. Erlebnisse dieser Art können Kunden dazu veranlassen, manche Geschäfte nie wieder zu betreten.

Gerade bei Berufen, die die Intimzone ihrer Kunden verletzen müssen, wie Friseure, Schneider oder Masseure, ist eine besondere Sensibilität notwendig, um den Kunden in seinem Empfinden nicht zu verletzen.

Anders reagieren wir dagegen in Situationen, in denen das Eindringen in unsere Intimzone durch andere unbeabsichtigt und unvermeidbar ist oder in denen wir selbst – notwendigerweise – die Intimzone anderer Personen verletzen.

In diesen Situationen, z. B. in überfüllten Bussen und U-Bahnen, im Fahrstuhl oder in einer Warteschlange, ändern wir unser Verhalten so, daß die durch die geringe

Jeder Fahrgast hat ›seinen‹ Raum

Entfernung eigentliche entstandene intime Distanz nicht als solche aufgefaßt wird. Man hält den Körper so steif wie möglich, sitzt oder steht gerade und versucht den Nachbarn nicht zu berühren. Passiert es doch, rückt man beiseite oder weicht zurück und entschuldigt sich. Man spricht nicht miteinander und vermeidet einen längeren Blickkontakt. Man schaut auf den Boden oder an die Decke. Diese Signale sollen dem anderen verdeutlichen, daß man auf keinen Fall in seine Intimzone eindringen will – nur die äußeren räumlichen Umstände zwingen einen dazu. Wir behandeln den anderen gewissermaßen als Nicht-Person. Dieses ungeschriebene Gesetz ist erlernt, daher gibt es erhebliche kulturelle Unterschiede.

Für Japaner gilt es als Zeichen für freundschaftliche Vertrautheit, wenn sich Menschen auf allerkleinstem Raum zusammendrängen. Im Japanischen gibt es kein Wort für Privatsphäre. Das heißt jedoch nicht, daß der Begriff unbekannt ist. Privatsphäre ist für den Japaner untrennbar mit seinem Haus oder seiner Wohnung verbunden, und hier verübelt er jedes ungewünschte Eindringen. Auch wenn Japaner dicht zusammengedrängt stehen, bewahren sie eine gewisse Förmlichkeit, und obwohl sie sich berühren, ziehen sie trotzdem strenge Grenzen zwischen sich und den anderen.

Wie die Japaner neigen auch die Araber dazu, sich auf engstem Raum zu versammeln. Sie suchen die körperliche Nähe. Das Drängeln oder Herumstoßen, z. B. in einer Warteschlange, wird nicht als Verletzung der Intimzone betrachtet. Araber kennen kein Wort für Notzucht – ein Kennzeichen für ihre Haltung dem Körper gegenüber. Im Gegensatz zum Verhalten in der Öffentlichkeit sind die arabischen Häuser meist weiträumig und leer. Der vorhandene Raum wird aber in der Regel kaum genutzt. Man drängt sich auch in geräumigen Wohnungen dicht zusammen.

Amerikaner haben ein sehr ausgeprägtes Raumbedürfnis. Ihr Körper ist für sie unantastbar.

In England werden Bekanntschaften nicht aufgrund räumlicher Nähe geschlossen, sondern aufgrund des sozialen Status. Hat der Nachbar nicht eine gleichwertige gesellschaftliche Stellung, verzichtet man auf eine Bekanntschaft.

Deutschland ist ein Land der Zäune und Mauern. Häuser und Wohnungen werden so gebaut, daß die Privatsphäre möglichst groß ist. Gärten werden umzäunt, Grundstücke werden mit Mauern umgeben, Balkone werden verkleidet und die Fenster mit Vorhängen verhängt. Die Haustür bleibt – im Gegensatz zu den südeuropäischen Ländern – meist verschlossen.

Eine der bemerkenswertesten Regelungen für räumliches Verhalten wird teilweise noch heute in bestimmten ländlichen Gegenden Südindiens aufrechterhalten. Sie legt den zulässigen Abstand von Mitgliedern verschiedener Kasten zueinander mit genauen Angaben in Zentimetern fest.

Zu Schwierigkeiten und Mißverständnissen kann es daher beim Zusammentreffen von Menschen aus verschiedenen Kulturen kommen. Ein Amerikaner, der Geschäftsverhandlungen mit einem Araber führt, kann sich schnell in seiner Privatsphäre verletzt fühlen und seinen Gesprächspartner als aufdringlich empfinden. Der Araber wiederum kann sich durch die eingehaltene Distanz verletzt fühlen.

Kulturelle Unterschiede können also durchaus die Ursache dafür sein, daß sich der eine bedrängt fühlt und der andere sich zu distanziert behandelt fühlt.

Das Wahren einer gewissen Distanz läßt sich an verschiedenen Kleinigkeiten beobachten: Wenn wir ins Kino gehen, lassen wir oft einen Stuhl zwischen unserem Nachbarn und uns frei. Wenn wir in ein Café gehen, setzen wir uns an einen freien Tisch.

Bezüglich der Größe der Intimzone gilt die Regel: Je höher der Status einer Person ist, je größer ist die Intimzone, die ihr zusteht.

Im Büro sind es die größeren Schreibtische der Vorgesetzten, die eine größere Intimsphäre garantieren. Auch zusätzliche Grenzen, wie vollbelegte Schreibtische oder die Aktentasche auf dem Tisch, können Versuche darstellen, die Intimzone zu verteidigen.

Am eingehaltenen Abstand lassen sich auch die hierarchischen Ebenen bei einer zwanglosen Feier in einer Firma leicht erkennen. Unterhalten sich Ranghöhere mit Untergebenen, ist der Abstand größer als unter Gleichgestellten.

Den höchsten Status hat dabei nicht unbedingt der, der laut Papier oder Titel die höchste Stellung hat – die Körpersprache zeigt die wirkliche Rangfolge.

Sitzt man mit einer Person im Café oder Restaurant an einem Tisch, so betrachtet jeder automatisch seine Tischhälfte als seine Intimzone.

Julius Fast beschreibt in seinem Buch ›Körpersprache‹, wie er diese stille Übereinkunft am eigenen Leib erlebte: »Vor nicht allzu langer Zeit aß ich mit einem befreundeten Psychiater zu Mittag. Wir saßen in einem angenehmen Restaurant an einem jener kleinen Tische, die heute so beliebt sind. Nach einigen Augenblicken holte er eine Schachtel Zigaretten aus der Tasche, zündete sich eine Zigarette an und legte die Schachtel vor meinem Gedeck auf den Tisch.

Er sprach weiter, und ich hörte weiter zu, aber ich war auf eine Art beunruhigt, die ich nicht erklären konnte, und noch stärker beunruhigt war ich, als er sein Besteck immer näher zur Zigarettenschachtel hinschob, näher und näher in Richtung auf die Tischkante an meiner Seite. Dann lehnte er sich selbst ganz über den Tisch und machte eine bestimmte Bemerkung. Es war eine Bemerkung, die ich kaum begriff, denn ich fühlte mich immer unbehaglicher.

Schließlich hatte er Mitleid mit mir und sagte: ›Ich habe dir soeben eine der grundlegenden Tatsachen der Körpersprache demonstriert.‹

Verwirrt fragte ich: ›Und welche war das?‹

›Ich habe dich aggressiv bedroht und herausgefordert. Ich brachte dich in eine Lage, in der du dich verteidigen mußtest, und das hat dich durcheinandergebracht.‹

Ich verstand immer noch nicht und fragte: ›Aber wie denn? Was hast du gemacht?‹

›Zunächst habe ich meine Zigarettenschachtel zu dir hingeschoben‹, erklärte er. ›Auf Grund einer stillschweigenden Übereinkunft hatten wir den Tisch vorher in Hälften geteilt, die eine Hälfte für dich und die andere für mich.‹

›An eine solche Aufteilung habe ich nicht gedacht.‹

›Natürlich nicht. Aber trotzdem war es so. In Gedanken haben wir beide uns ein bestimmtes Revier abgesteckt. Normalerweise hätten wir den Tisch höflich zwischen uns geteilt und die Hälfte des anderen respektiert. Ich legte meine Zigarettenschachtel aber ganz bewußt in dein Gebiet und brach damit die Übereinkunft. Du wußtest zwar nicht, was ich tat, aber du fühltest dich trotzdem unbehaglich. Als ich dem ersten Einbruch in dein Revier einen weiteren folgen ließ und meinen Teller und das Besteck zu dir hinschob und mich dann noch selbst über den Tisch lehnte, fühltest du dich immer unwohler und bedrohter und wußtest immer noch nicht, warum.‹« (S. 23)

Dieses Experiment läßt sich in vielen Abwandlungen wiederholen. So kann man in den unterschiedlichsten Situationen feststellen, wie Menschen ihr Revier verteidigen. Viele Gegenstände wie Aschenbecher, Salzstreuer, Zuckerdosen, Schreibutensilien, Zigarettenschachteln oder Zeitungen können dazu benützt werden, seine Grenzen zu ziehen und zu verteidigen. Körpersprachliche Signale können anzeigen, daß die Intimzone des anderen verletzt wurde: z. B. ein unruhiges Hin- und Herrutschen auf dem Stuhl, das Übereinanderschlagen der Beine, das Verschränken der Arme vor dem Körper, Unterbrechungen des Blickkontaktes, das Zurücklehnen auf dem Stuhl. Wird die Bedrohung zu unangenehm, kann man schließlich den Stuhl zurückrücken. Dadurch gewinnt man wieder Raum, die Intimzone vergrößert sich, und der andere hat keine Möglichkeit, erneut einzudringen, es sei denn, er lehnt oder legt sich über den Tisch. Neben diesen Signalen kann der Betroffene auch offen handeln: Er schiebt die in seine Hälfte gestellten Gegenstände zurück. Daher ist es ein Fehler, wenn ein Ober den Aschenbecher oder Salzstreuer einfach vom Tisch nimmt, ohne die Betreffenden zu fragen. Vielleicht war gerade der Salzstreuer eine wichtige Grenzmarkierung. Häufen und wiederholen sich die Eingriffe in die Intimzone des Gegenübers, können sie ihm bewußt werden, und er wehrt sich mit verbalen Aussagen dagegen. Mit diesem Experiment kann man – wenn man es sorgfältig durchführt und sensibel und sofort auf die ersten Unmutsignale reagiert und sich zurückzieht – feststellen, ob Menschen eher zur Flucht oder zum ›Kampfverhalten‹ neigen. Die Art, wie wir unsere Intimzone bewachen und verteidigen, spiegelt ein wesentliches Merkmal in unserem Verhalten gegenüber anderen Menschen wider.

Dort, wo die *Intimzone* endet – ungefähr zwischen einer halben und einer ganzen Armlänge vom Körper entfernt –, beginnt die *persönliche Zone.* Sie reicht von ca. 60 cm bis 120 cm. Erst von dieser Zone ab darf man in die Intimzone eindringen. Überspringt man sie, kommt es meist zu einer Zurückweisung. In die persönliche Zone lassen wir Personen, die uns nicht so vertraut sind, daß wir sie freiwillig in unsere Intimzone hineinlassen, die uns aber doch nicht fremd sind. Dazu gehören Menschen, zu denen wir eine nähere Beziehung haben: Familienmitglieder, Freunde, gute Bekannte und manchmal Kollegen. Übergeordnete Personen wie Chefs, Lehrer oder Ausbilder dürfen sich nur dann in dieser Zone aufhalten, wenn sie einen sehr guten Kontakt zu den ihnen untergeordneten Personen haben. Meist ist ihr Platz in der nächsten Zone.

Die persönliche Zone reicht bis zu einem Abstand von ca. 120 cm. Damit ist sie die äußerste Grenze für körperliche Kontakte. Berührungen zur Demonstration von Dominanz fallen aus räumlichen Gründen bereits schwer.

Einen scheinbaren Widerspruch dazu bilden Hausangestellte, Putzfrauen, Krankenschwestern oder Hausmeister. Sie dürfen ohne zu fragen in die persönliche Zone einer ihnen übergeordneten Person eindringen. In diesen Fällen betrachtet man sie als Nicht-Personen. Eine Nicht-Person kann ebensowenig wie ein Stuhl in den persönlichen Raum eindringen und uns daher nicht verletzen.

Das Bedürfnis nach einer persönlichen Zone ist auch im Bereich der Therapie wichtig. Wird diese Zone durch den Therapeuten verletzt, ist eine offene Kommunikation gestört.

Das Auto wird von manchen Forschern als Ausdehnung der persönlichen Zone betrachtet.

Daher fühlen wir uns – abgesehen von der tatsächlichen Gefährlichkeit – häufig bedroht und bedrängt, wenn Autofahrer zu dicht auf uns auffahren, plötzlich die Spur wechseln oder uns beim Überholen schneiden. Die zum Teil irrationale Wut und die folgenden Reaktionen sind nur so zu verstehen, daß man sich in seiner persönlichen Zone angegriffen fühlt. Das Auto wird dabei manchmal zu einer gefährlichen Waffe, die unsere Selbstkontrolle teilweise ausschaltet.

Die an die persönliche Zone anschließende *soziale Zone* reicht von ca. 120 cm bis 400 cm. Sie ist für die mehr oberflächlichen sozialen Kontakte bestimmt: im Berufsleben unter Kollegen und zum Chef, bei Bekannten, zu denen keine nähere Beziehung besteht, oder bei zwanglosen Treffen.

In dieser Zone sollten sich Chefs, Lehrer, Verkäufer und Dienstleistende aufhalten, solange der andere ihnen nicht signalisiert, daß sie näher kommen können.

Schreibtische, Pulte oder Ladentheken sorgen automatisch dafür, daß diese Distanz eingehalten wird.

In dieser Zone führt man eher Sachgespräche als Gespräche über rein persönliche Dinge.

Der Status einer Person wird beim Eintreten in ein

Zimmer deutlich. Nach dem Anklopfen muß man zunächst auf die Erlaubnis zum Betreten des Raumes warten. Ist der Status des Besuchers höher, wird der Besuchte von seinem Schreibtisch aufstehen und dem Besucher entgegenkommen oder ihm sogar die Türe öffnen. Ist der Status des Besuchers dagegen niedriger, bleibt man hinter seinem Schreibtisch sitzen. Entsprechend dem Status wird ihm ein Platz angeboten: ein Stehplatz in der Nähe der Türe für den Besucher mit niedrigem Status oder in der Mitte des Raumes für den mittleren Status. Wer einen höheren Status hat, darf sich vor den Schreibtisch setzen oder bekommt sogar einen Platz auf einer zusätzlich im Zimmer vorhandenen Sitzgruppe angeboten. Die Wahl des Platzes zeigt die Art des Gespräches an. Persönliche Gespräche werden in der Regel nicht von der Türe aus zum Schreibtisch geführt. Vorgesetzte nehmen ihren Untergebenen daher manchmal allein durch die räumliche Anordnung die Möglichkeit, über ihre persönlichen Probleme zu sprechen.

Der äußere Bereich der sozialen Zone ist für formelle geschäftliche und gesellschaftliche Anlässe geeignet (2 m bis 4 m). Diese Distanz hat auch eine gewisse Schutzfunktion. Sie zwingt einen nicht zur Kommunikation. Man kann weiterarbeiten oder schweigsam nebeneinander sitzen, ohne als unhöflich zu gelten, was bei einer geringeren Entfernung durchaus der Fall sein kann.

Die äußere Zone – die *öffentliche Zone* – beginnt ca. ab 4 m und ist unbegrenzt. Sie eignet sich in ihrem näheren Bereich für mehr formlose Zusammenkünfte, wie die Präsentation oder Ansprache zu einer kleineren Gruppe. Der Lehrer, der eine Klasse unterrichtet, und der Vorgesetzte, der zu seinen Mitarbeitern spricht, befinden sich in dieser Zone.

Der entferntere Bereich wird von Politikern oder anderen Personen des öffentlichen Lebens zum Teil aus Sicherheitsgründen benützt.

Professor Hall fand heraus, daß zu wichtigen öffentlichen Personen automatisch eine Distanz von ca. 10 m eingehalten wird. Ist das nicht der Fall, wird sie von Leibwächtern, einer Schar von Freunden, Dienstboten oder Anhängern geschaffen. Wenn diese Zone von Bekannten oder Freunden benutzt wird, erfolgt es meist aus einer bestimmten Notwendigkeit heraus: Man unterhält sich über den Hof oder den Gartenzaun hinweg.

Zusammenfassend läßt sich sagen, daß stets ein enger Zusammenhang zwischen der Art der Kommunikation und bestimmten Entfernungen besteht. Stärker als äußere Gegebenheiten bestimmen unsere Beziehungen zueinander und unsere sozialen Rangordnungen untereinander den individuell erträglichen und gewählten Abstand.

Meist hat die in ihrer Stellung höherstehende Person das Recht, den Abstand zu bestimmen. Mit der Kontrolle der Distanz hat sie auch die Möglichkeit, die Art der Kommunikation zu bestimmen.

Dominante und mächtige Personen haben eine größere Intimzone und damit mehr Möglichkeiten zum Rückzug oder Angriff.

Wer anderen Menschen zu nahe tritt und ihre Grenzen nicht erkennt oder mißachtet, der tritt ihnen auch oft seelisch zu nahe – das richtige Einfühlungsvermögen fehlt.

2. Der Tanz des Lebens

2.1. Innere und äußere Haltung

»Sitz gerade!«, »Steh gerade« sind weitverbreitete Aufforderungen und Ermahnungen von Eltern, Lehrern und anderen Personen. Beobachtet man ein Kind oder einen Erwachsenen, dem gesagt wurde, er solle geradesitzen oder geradestehen, merkt man, wie er versucht, seinen Rücken geradezumachen und den Kopf anzuheben – in dem festen Glauben, daß er dadurch die ›richtige‹ Haltung einnimmt. Aber diese ›richtige‹ Haltung ist nur mit einer ständigen Anstrengung aufrechtzuerhalten. Sobald man seine Aufmerksamkeit etwas anderem zuwendet, sinkt man in seine gewohnte Haltung zurück. Unter ›gerader‹ Haltung wird meist eine ›senkrechte‹ Haltung verstanden. Dabei ist die ›gerade‹ Haltung nicht gleichzeitig die ›aufrechte‹ oder ›richtige‹ Haltung.

Der Verhaltensphysiologe Moshé Feldenkrais schreibt dazu in seinem Buch ›Bewußtheit durch Bewegung‹: »Aufrechte Haltung hat nichts mit dem zu tun, was man gewöhnlich unter ›sich geradehalten‹ versteht. Wer sich gerade *halten* muß, ist nachweisbar nicht aufrecht. ›Aufrecht‹ ist nicht ›gerade‹.« (S. 98)

Nach seiner Auffassung ist eine Haltung dann richtig, wenn der Körper in optimaler Haltung ›im Skelett‹ hängt, das heißt, wenn keine unnötige Muskelarbeit nötig ist, um den Körper stehend oder sitzend aufrechtzuerhalten. Da der Knochenbau des Menschen dem Zug der Schwerkraft entgegenwirkt, braucht man bei der richtigen Haltung keine zusätzliche Muskelarbeit, um aufrecht zu stehen oder zu sitzen. Die Muskeln sind frei für ihre eigentliche

Aufgabe, den Ort und die Haltung des Körpers durch Bewegung zu verändern. Bei einer schlechten Haltung müssen die Muskeln dagegen Aufgaben des Knochengerüstes übernehmen. Dabei sind wir uns der ständigen Anstrengungen oder Tätigkeiten unserer Muskeln nicht bewußt. Wenn wir uns einmal hinstellen, als ob wir auf jemanden warten, und uns dabei unserer Haltung bewußt werden, können wir verschiedene Dinge beobachten: Wo liegt unser Gewicht? Auf einem oder auf beiden Beinen? Oder verlagern wir es ständig? Wo liegt unser Schwerpunkt? Am Kopf, an der Brust, am Bauch oder am Gesäß? Wenn wir bewußt kleine Veränderungen vornehmen, uns etwas z. B. vor- oder zurücklehnen, lernen wir unsere eigene Haltung und unsere Verspannungen besser kennen.

Wenn man die Bedeutung einer Körperhaltung wissen möchte, ist es am besten, diese Haltung selbst einmal einzunehmen. In dem Moment, in dem wir eine bestimmte Haltung einnehmen, vollziehen wir gleichzeitig die Gefühle und Emotionen, die bei dieser Haltung auftreten, nach.

Jemand, der seinen Brustkorb aufbläst, die Schultern anhebt und gleichzeitig die Augenbrauen hochzieht, drückt mit dieser Haltung Furcht aus. Jeder, der bewußt diese Haltung einnimmt, wird dieses Gefühl nachempfinden können.

Der Körper kann in seiner Haltung auch Gefühle ausdrücken, die man nicht mehr bewußt wahrnimmt. Viele Menschen haben den Kontakt zu ihrem körperlichen Ausdruck verloren. Im Laufe des Lebens hat man sich eine bestimmte Einstellung angewöhnt, die sich dann auch im Körper strukturiert. So wird die Körperhaltung als chronisches Haltungs- und Spannungsmuster zu einem Bestandteil des Charakters und zur persönlichen, individuellen Haltung, die jedem Menschen eigen ist.

Hochgezogene Schultern gelten als ein Ausdruck von

Furcht. Werden sie gewohnheitsmäßig hochgezogen, zeigen sie an, daß die Person unter einer chronischen Angst leidet, deren Ursachen ihr meist nicht mehr bewußt sind. Solche Gewohnheitshaltungen entstehen jedoch nicht aus Einzelerfahrungen, sondern aus dem Erlebnis, ständig beängstigenden Situationen ausgesetzt gewesen zu sein. Oft wird diese Haltung kompensiert, indem man den Kopf nach vorne schiebt, so als wolle man wenigstens sehen, ob es eine Bedrohung gibt. Furcht und Angst wirken sich auch auf die Beine und Füße aus. Man tritt von einem Fuß auf den anderen, oder es ›zieht einem den Boden unter den Füßen weg‹.

Alexander Lowen, dessen Bioenergetik auf der Annahme beruht, daß sich alle neurotischen Probleme in der Struktur und Arbeitsweise des Körpers manifestieren, beschreibt, wie man an der Körperhaltung die Hemmungen eines Menschen ablesen kann. Diese Hemmungen entstehen erst, wenn man eine Empfindung, z. B. Furcht, leugnet und sie damit verdrängt.

Der körperliche Ausdruck ist jedoch nicht immer so klar, daß man an ihm die Art der Hemmungen eindeutig erkennen kann. Für Lowen ist daher der Bodenkontakt das wichtige Anzeichen dafür, ob eine Person gehemmt ist und ungelöste emotionale Probleme hat. Wer nicht fest auf dem Boden steht, der kann auch keinen vollständigen Kontakt zur Realität haben. Der gute Kontakt zur Erde ist auch ein Sicherheitsventil für überschüssige Spannung und Erregung. Sichtbar wird diese Bedeutung des Bodenkontakts in vielen Redewendungen: Jemand steht mit beiden Beinen auf dem Boden, ist standhaft, steht auf eigenen Füßen, und ihn kann so schnell nichts umwerfen.

Zusammenfassend kann man sagen, daß die Körperhaltung eine gute Informationsquelle über unsere emotionalen Gefühlszustände ist. Die innere Haltung spiegelt sich in der Regel in der äußeren Haltung wider. Bei der Interpretation sind jedoch stets die anderen körpersprachlichen Signale mit zu berücksichtigen.

Informationen, die man durch die Körperhaltung erhält, sind zuverlässiger als die Informationen, die uns der Gesichtsausdruck vermittelt. Wir haben gelernt, unser Gesicht besser unter Kontrolle zu halten, es ›nicht zu verlieren‹, d. h. uns nicht durch unsere Mimik zu verraten. Dem Körper wird dagegen weniger Aufmerksamkeit geschenkt. So können auch ungewollte Informationen leichter ›durchsickern‹.

An der Körperhaltung läßt sich jedoch nicht nur die innere Haltung einer Person ablesen, sie ist auch wichtig bei der Übermittlung von Einstellungen anderen Menschen gegenüber. Wichtiges Merkmal dabei ist der Grad der körperlichen Gespanntheit.

Im gespannten Zustand ist die Körperhaltung rigide, der Rücken gerade und der Körper aufrecht.

Bei der mäßigen Entspanntheit wird der Oberkörper leicht nach vorne oder zur Seite gebeugt, der Rücken ist etwas gekrümmter.

Personen, die extrem entspannt sind, lehnen sich zurück oder deutlich zur Seite, ihre Arm- und Beinhaltungen sind häufiger asymmetrisch.

Der Grad der körperlichen Entspanntheit gibt Aufschluß über die Einstellung und den sozialen Status, den man gegenüber seinem Partner hat. Bei Kontakten mit niedrigstehenden Personen zeigt sich eher eine große Entspanntheit, während gegenüber Höherstehenden nur eine mäßige Entspanntheit auftritt.

Je mächtiger und höhergestellter eine Person ist, um so weniger muß sie ihr Verhalten kontrollieren und Angst haben, etwas falsch zu machen. Ein Bewerber in einem Vorstellungsgespräch befindet sich in der Regel in einem angespannten Zustand. Er achtet ständig darauf, was er tut oder sagt und ob er sich richtig verhält. Schließlich hängt seine zukünftige berufliche Laufbahn von seinem Auftreten ab. Personen mit einem hohen sozialen Status haben einen größeren Freiraum in ihrem Verhalten. Sie sind meist unabhängiger und müssen keine unmittelbaren negativen Folgen befürchten. Das drückt sich auch in einer lockeren und entspannteren Körperhaltung aus.

Eine dominante Sitzhaltung – von verschiedenen Forschern als ›entspannte Aggressivität‹ bezeichnet – ist das Zurücklehnen im Stuhl oder Sessel, wobei gleichzeitig die Handflächen um den Nacken gelegt werden. Andere dominante Haltungen sind: einen oder beide Füße auf den Tisch legen, ein Bein über die Lehne des Stuhles hängen, beim Gespräch die Hände in den Taschen zu belassen, sich auf fremden Territorien, wie z. B. dem Schreibtisch eines Untergebenen, aufzustützen.

Körperhaltung hängt eng mit dem Raumverhalten zusammen. Dominante Personen beanspruchen einen größeren Raum für sich und dringen auch eher in den Raum eines anderen ein.

Im Gegensatz dazu steht die oft enge Haltung von untergeordneten Personen. Der Körper wirkt zusammengezogen, die Arme liegen eng am Körper, man macht sich ›klein‹. Die Körperhaltung ist ein Zeichen der Beschränkung, die diesen Personen auferlegt wird.

Die meisten Menschen zeigen, wenn sie durch fremde Territorien gehen, sei es durch ein fremdes Gelände, fremde Häuser oder Zimmer, unwillkürlich eine bestimmte Haltung: Der Kopf und die Schultern werden gesenkt, die Brust fällt durch, die Hände sind eng am Körper, in den Taschen der Kleidung oder direkt vor dem Körper, der Blick ist nach unten gerichtet. Diese nicht-dominante Haltung signalisiert, daß man das fremde Gebiet als solches respektiert und keineswegs gewaltsam eindringen will.

Dominante Personen benützen oft ihre Größe als Symbol ihrer Überlegenheit. Wenn sie etwas betonen oder hervorheben wollen, stehen sie auf, um ihrer Aussage auch durch ihre Körpergröße Nachdruck zu verleihen. Die Haltung, bei der das Kinn hochgezogen wird und die Hände auf den Rücken gelegt werden, stellt eine Form der Erhöhung dar, die es ermöglicht, auf andere herunterzuschauen, wenn dies aufgrund der Körpergröße allein nicht möglich ist.

Dominante Menschen neigen dazu, ihre negative Meinung zu einer Sache zu betonen, indem sie sich zu ihrem Gesprächspartner vorlehnen, während untergeordnete Personen sich nur bei Zustimmung oder positiver Bewertung zu ihrem Gegenüber vorlehnen. Das Vorlehnen ist eine Form des Eindringens in den persönlichen Raum des anderen, die entweder mit Aggressivität oder mit Intimität verbunden ist.

Wichtiger als die einzelnen Körperhaltungen von Personen sind die Veränderungen und Körperorientierungen, die in verschiedenen Situationen stattfinden und die weitere Aufschlüsse über die Art der ablaufenden Kommunikation bringen.

2.2. Körperhaltung und Körperorientierung

Die Körperhaltung beschreibt, wie eine Person steht, sitzt oder liegt, wie sie dabei ihre Arme und Beine ausrichtet, ihren Kopf hält und in welcher Position die einzelnen Körperteile zueinander stehen. Körperhaltung bezieht sich immer nur auf eine Person. Es ist unerheblich, ob sie dabei mit anderen kommuniziert oder nicht.

Körperorientierung dagegen beinhaltet immer eine Gerichtetheit, eine Orientierung des Körpers zu einer anderen Person, wie z. B. das Hin- oder Wegbeugen des Oberkörpers, das Zu- oder Abwenden des Kopfes, die Ausrichtung der Arme und Beine in Richtung der anderen Person oder weg von ihr.

Anhand der Körperhaltungen und Körperorientierungen kann man erkennen, was bei einem Kontakt zwischen verschiedenen Personen vor sich geht. Körperhaltung ist nicht nur eine individuelle Ausdrucksform, sie ist auch eine bestimmte Form des Verhaltens im jeweiligen sozialen Zusammenhang. So zeigt sich eine gewisse Regelhaftigkeit in der Form bestimmter Haltungskonfigurationen und der Situation, in der sie auftreten. Zum Beispiel wird man eine Körperhaltung – wie das entspannte Zurücklehnen in einem Sessel – kaum bei einer untergeordneten Person beobachten, die eine Person mit einem höheren Status von einer Sache überzeugen will.

Innerhalb einer Kommunikation hat die Körperhaltung häufig die Funktion, bestimmte Verhaltenseinheiten zu markieren oder abzugrenzen.

Ein Konferenzteilnehmer lehnt sich rauchend in seinen Stuhl zurück und hört den Ausführungen einer anderen Person zu. Mit der Zeit weicht seine Meinung immer weiter von der des Sprechers ab, und er entschließt sich, seine Ansichten vorzutragen. Der Haltungswechsel beginnt. Er stellt seine vorher überschlagenen Beine nebeneinander, lehnt sich mit dem Oberkörper nach vorn, drückt seine Zigarette aus und beginnt, vielleicht mit einer entsprechenden Geste, seine Darstellung. Auch Platzveränderungen im Raum oder so alltägliche Handlungen wie der Gang zur Toilette, das Zigarettenholen und das Telefonieren sind Markierungen für Unterbrechungen. Der Zurückkehrende nimmt stets eine andere Rolle ein oder beteiligt sich in einer anderen Weise an der Kommunikation.

Markierungen, die durch die Veränderung von Körperhaltungen entstehen, lassen die Grenzen zwischen verschiedenen emotionalen Zuständen einer Person in sozialen Beziehungen erkennen. Jeder gefühlsmäßige Zustand stellt daher eine gewisse Verhaltenseinheit dar. Wechsel in der Körperhaltung markieren die Abschnitte in einem Verhaltensfluß und gehen häufig mit einem Wechsel in der Aktivität der betreffenden Personen einher. Sie lassen jedoch keine Rückschlüsse auf die Bedeutung einer Verhaltenseinheit zu. Diese kann man nur unter Einbeziehung der aktuellen Situation und der individuellen Lebensgeschichte der Beteiligten ergründen.

Veränderungen in der Körperhaltung sind also keineswegs nur Eigenarten der betreffenden Person, sondern sie haben innerhalb dcr Kommunikation bestimmte strukturierende Funktionen.

Die Körperhaltung setzt nicht nur Markierungen bei den Aktivitäten einer Person, sie steht auch in Beziehung zu der Körperhaltung des Partners. Jede Kommunikation wird räumlich und zeitlich durch die Haltung und Position der Körper zueinander eingerahmt.

In den Beziehungen der Körperhaltungen verschiedener Personen zueinander lassen sich drei zentrale Dimensionen erkennen, die wichtige Aspekte der jeweiligen Beziehung anzeigen:

1. In sozialen Situationen können Körperhaltungen einschließende oder ausschließende Funktionen haben.

Die Mitglieder einer Gruppe neigen in der Regel dazu, ihre Gruppe durch die Stellung ihrer Körper und durch ihre Arm- und Beinhaltung zu definieren und abzugrenzen. Sie schaffen sich gewissermaßen einen Raum, in dem die Kommunikation stattfindet. Besonders deutlich ist dieser Vorgang zu beobachten, wenn außer der Gruppe noch andere Personen zugegen sind, die sich aber nicht an den Aktivitäten der Gruppe beteiligen. Je persönlicher und intimer die Gespräche in einer Gruppe sind, desto schwerer wird es für einen Außenstehenden, Zugang zu der Gruppe zu bekommen. Durch Körperhaltungen wie das Anlehnen an ein Möbelstück, das Ausstrecken eines Beines oder den in die Hüften gestützten Arm, der mit dem Ellbogen weit nach außen zeigt, wird anderen Personen der Zugang verwehrt, zumindest aber erschwert.

Bei mehr als zwei Personen bildet sich meist ein Kreis. In unpersönlicheren Gesprächen nehmen die Beteiligten nicht nur eine größere Distanz zueinander ein, ihre Haltung ist meist auch offener, das heißt, der Winkel zwischen zwei Partnern ist größer, so daß Außenstehende leicht miteinbezogen werden können.

2. Wenn zwei Personen miteinander kommunizieren, gibt es zwei Möglichkeiten, wie sie ihre Körper zueinander ausrichten können: die Vis-à-vis- oder die parallele Körperorientierung. Die Vis-à-vis-Orientierung, in der sich beide Partner gegenübersitzen oder -stehen, ist gewöhnlich mit bestimmten Formen der Kommunikation verbunden. Auf der verbalen Ebene führen sie ein Gespräch miteinander, halten Unterricht, flirten oder streiten miteinander. Diese Körperorientierung ist daher typisch für Lehrer und Schüler und für Liebespaare. Bei einem Gespräch haben die Partner in der Regel ihre Gesichter einander zugewandt. Sie sehen sich an und stellen ihre Stimme in der Lautstärke auf die bestehende Distanz zum Partner ein, so daß der andere sie gut hören kann. Bei dieser Art von Kommunikation werden Informationen und Gefühle ausgetauscht. Die Beziehung ist wechselseitig, beide Partner müssen sich aktiv daran beteiligen.

Bei der parallelen Körperorientierung sitzen oder stehen die beiden Personen nebeneinander und haben dieselbe Blickrichtung. Beide können sich gemeinsam einer anderen Person oder einem Objekt zuwenden. Sie können gemeinsam einem Vortrag zuhören, lesen, schreiben, fernsehen oder sich mit einem Dritten streiten. Da die gemeinsame Handlung, wie z. B. das Zuhören, auch von einer einzelnen Person ausgeführt werden könnte, handeln sie so, als wären sie eine einzige Person. Ein anderes Beispiel ist das gemeinsame Erzählen eines Vorfalls gegenüber einem Dritten. Von den beiden Personen, die nebeneinander sitzen, erzählt einer die Geschichte gewissermaßen für den anderen mit. Die beiden können aber auch in einem arbeitsteiligen Prozeß abwechselnd zum Gespräch beitragen. Der eine gibt den Kommentar ab, der andere schmückt ihn aus. Der eine macht die grundlegende Aussage, der andere zeigt die entsprechenden Gesten und Gesichtsausdrücke dazu. Geradc bci Paaren, die sich schon lange kennen, läßt sich dieser Vorgang oft beobachten.

Diese beiden grundlegenden Körperorientierungen beziehen selten den ganzen Körper mit ein. Meist wird das Verhalten aufgeteilt. Der Oberkörper wird in die eine Richtung, die untere Körperhälfte in die andere Richtung ausgerichtet. Dafür sind zwei Gründe ausschlaggebend. Einmal ist man z. B. durch seine Sitzposition festgelegt, und man kann nicht ständig seinen Stuhl verrücken. Zum anderen findet in einer Gruppe meist eine gleichzeitige Orientierung zu mehreren Personen statt, die sich auch in der Körperhaltung zeigt.

3. Beobachtet man die Haltungen von mehreren Mitgliedern einer Gruppe, so stellt man häufig fest, daß mehrere Personen die gleiche Haltung von Kopf, Armen und Beinen einnehmen. So sitzen zum Beispiel in einer kleineren Gruppe zwei oder mehr Personen mit überschlagenen Beinen, vor der Brust verschränkten Armen und nach links geneigtem Kopf zusammen. Die Haltungen können auch spiegelbildlich aufeinander bezogen sein. Solche Haltungen bezeichnet man als kongruente, übereinstimmende Haltungen. Zahlreiche Untersuchungen haben ergeben, daß sie nicht zufällig zustande kommen.

Wenn ein Mitglied der Gruppe die Haltung wechselt,

Gerade in alltäglichen Situationen läßt sich die Beziehung der Personen zueinander ablesen

folgen die anderen oft rasch nach, und die Kongruenz bleibt über mehrere Veränderungen hinweg erhalten.

In Diskussionsgruppen, in denen die entgegengesetzten Ansichten noch gar nicht formuliert sind, kann man häufig allein anhand der verschiedenen Haltungen erkennen, wer auf welcher Seite steht.

Gute Freunde und Kollegen zeigen gerade dann Übereinstimmung in ihren Körperhaltungen, wenn sie eine Auseinandersetzung haben und verschiedene Standpunkte vertreten. Als ob sie damit die grundsätzliche Kontinuität ihrer Beziehung ausdrücken möchten.

In einer Gruppe gibt es natürlich auch Teil-Kongruenzen mit verschiedenen Personen. Hat die Gruppe einen Leiter, so verhalten sich viele Mitglieder zumindest mit einem Teil ihres Körpers, z. B. dem Oberkörper oder mit den Beinen, kongruent zu ihm.

Die Übereinstimmung in der Körperhaltung zeigt ganz allgemein eine Ähnlichkeit der Standpunkte oder der Rollen in der Gruppe an. Starke Unterschiede im sozialen Status machen sich auch in einer unterschiedlichen Körperhaltung bemerkbar. Wenn die Vis-à-vis-Orientierung in einer Beziehung, die auf Gleichheit beruht, vorkommt, sind die Haltungen der Partner oft kongruent. Ist es in einer Beziehung dagegen wichtig, den unterschiedlichen sozialen Status auch deutlich sichtbar zu machen, wie bei einer Lehrer-Schüler- oder Vorgesetzter-Untergebener-Beziehung, ist eine Übereinstimmung der Körperhaltung weniger wahrscheinlich.

Bei einer nicht vorhandenen Kongruenz der Haltung können zusätzliche Merkmale das grundlegende Fehlen einer Beziehung zum Gegenüber anzeigen. Der Betroffene schaut dann aus dem Fenster, vermeidet jeglichen Blickkontakt und beteiligt sich nicht am Gespräch.

Auf der anderen Seite gibt es den Fall, in dem eine Übereinstimmung in der Haltung gleichzeitig mit Signalen der Distanzierung auftritt. Die Beteiligten möchten dann nicht als zur Gruppe zugehörig betrachtet werden. Sie drehen sich den Rücken zu, wenden ihr Gesicht voneinander ab, sprechen nicht miteinander und betonen immer wieder, daß sie nichts mit dem anderen zu tun haben wollen. Durch die Kongruenz in ihrer Haltung wird jedoch das Fortbestehen ihrer Beziehung signalisiert.

Körperhaltung und Körperorientierungen, die im Zusammenhang mit sozialen Situationen auftreten, sind weniger Ausdruck der Persönlichkeit als der sozialen Beziehungen, die unter den Kommunikationspartnern bestehen. Dementsprechend geben sie auch wertvolle Hinweise auf die bestehenden Machtverhältnisse.

2.3. Mit den Händen sprechen

Die Gestik ist entwicklungsgeschichtlich die früheste Kommunikationsform, und einige Forscher gehen davon aus, daß sich die Sprache erst aus der Gestik heraus entwickelt hat.

Die Bedeutung der Hand liegt nicht nur in der Fähigkeit, zu handeln und wahrzunehmen, sondern auch in der engen Wechselbeziehung zwischen der Hand und dem Gehirn, zwischen empfinden und erkennen auf der einen Seite, handeln und reagieren auf der anderen Seite. Diese Verbindung wird an vielen sprachlichen Begriffen deutlich: Wir begreifen etwas oder sind ergriffen, wir tragen etwas mit Fassung, sind guter Verfassung und erfassen die Dinge, wir berühren etwas oder sind berührt. Zwischen den Funktionen der Hand und des Gehirns besteht ein durchgängiger Zusammenhang.

Mit den Händen führen wir unsere Handlungen aus oder begleiten sie. Wir können Dinge greifen, halten oder formen, und wir können unabhängig vom konkreten Handeln eine Fülle von Gesten produzieren.

Nach einem Italien-Urlaub sind wir begeistert von der gebärdenreichen Ausdrucksweise der Südländer, die ›mit Händen und Füßen reden‹.

Die Bedeutung einzelner Gesten kann sehr verschieden und komplex sein. Gestik dient nicht nur der Ergänzung oder dem Ersatz von Sprache, sie kann auch eigenständige Funktionen haben; wie bei allen körpersprachlichen Signalen ist die Bedeutung stark situationsabhängig.

Es gibt Gesten, mit denen wir auf etwas zeigen, räumliche Beziehungen beschreiben (die Größe von Dingen wird oft durch den entsprechenden Abstand der Hände voneinander dargestellt), Bewegungen, Tempo oder Rhythmus anzeigen, bestimmte Sachverhalte verdeutlichen oder

Bilder in die Luft malen (wenn man z. B. eine Wendeltreppe beschreibt).

Andere Gesten verleihen unseren Worten zusätzlichen Nachdruck: Wir deuten mit dem Finger auf uns selbst, wenn wir von uns – und nur oder besonders von uns – sprechen.

Mit Gesten können wir unsere Zuhörer zu Reaktionen oder zum Feedback auffordern, und wir können unsere Worte kontrollieren, indem wir sie mit den passenden Gesten synchronisieren. Wir können das Tempo und den Rhythmus der Sprache unterstreichen. Alle diese Gesten treten immer im Zusammenhang mit Sprache auf. Sie verstärken das Gesagte und vermitteln dem Zuhörer damit das Gefühl einer ehrlichen und echten Aussage.

Gesten können optische Signale übermitteln, wenn die Worte nicht verstanden werden oder nicht ausreichen. Im Ausland verständigen wir uns mit den Händen, wenn wir die Landessprache nicht sprechen.

Gesten sind in diesem Fall eine Ergänzung zur Sprache. Sie erweitern die Ausdrucksfähigkeit. Menschen mit ausgeprägteren verbalen Fähigkeiten benützen auch mehr Gesten.

Interessant ist, daß in einem Synchronstudio die Schauspieler die gleichen Gesten mit den Händen ausführen, als sähen sie auf der Bühne ein großes Publikum vor sich – obwohl sie nur einen Text vor einem Mikrophon ablesen.

Diese Gesten werden meist willkürlich, d. h. bewußt ausgeführt.

Andererseits können Gesten auch, wenn sie den verbalen Aussagen widersprechen, die Absicht entlarven, gewisse Dinge zu verbergen. Handbewegungen lassen sich schwerer kontrollieren als die Mimik, und daher kann es leicht zu ›nonverbalen Versprechern‹ kommen.

Stellen wir einer Person eine Frage, die sie mit ›ja‹ beantwortet, dabei aber gleichzeitig den Kopf schüttelt, sind

Hände unterstreichen die Bedeutung von Aussagen

Zweifel an der Ehrlichkeit der Aussage durchaus berechtigt. Solche Dinge kommen gar nicht so selten vor, nur meist nehmen wir sie nicht bewußt wahr. Der Betroffene ist sich dieser Geste natürlich nicht bewußt und wird sie, wenn man ihn darauf anspricht, vielleicht verleugnen. Im obigen Beispiel ist die Interpretation einfach: Die Antwort müßte in Wirklichkeit ›nein‹ heißen. In den meisten Fällen jedoch ist Vorsicht geboten. Wir können zwar die Unstimmigkeiten registrieren, aber wir wissen damit noch lange nicht, warum sie stattgefunden haben.

Unstimmigkeiten treten auch bei ›Scheingesten‹ auf. Man ist, während man über etwas spricht, mit den Gedanken woanders. Mit der entsprechenden Gestik versucht man das Gesagte zu unterstreichen, aber die Koordination mit den Worten stimmt nicht.

Weiter gibt es Gesten, deren Bedeutung irgendwann durch die jeweilige Kultur oder Gesellschaft definiert wurde. Sie sind durch Konvention festgelegte Zeichen mit einem begrenzten Bedeutungsgehalt. Ihre Bedeutung ist dabei nicht unbedingt eine sprachliche Aussage, in der Regel laufen sie ohne Sprache ab. Beispiele dafür sind das Händeschütteln zur Begrüßung, das Winken zum Abschied, das Reiben der Handflächen aneinander als Zeichen der Erwartung, das Klatschen als Zeichen der Zustimmung oder die gefalteten Hände als Ausdruck von Gläubigkeit und Demut. Dabei kann die Information einer Geste durch die Art oder Dauer der Ausführung erheblich variieren.

Ein Händedruck kann warm, lasch, fest oder feucht sein.

Die Gesten können zwar in Wörter übersetzt werden, aber Wörter allein können meist nicht ihre emotionale Intensität wiedergeben.

Gesten können auch zum vollständigen Ersatz von Sprache werden, wie z. B. die Taubstummensprache. Bestimmte Berufsgruppen, denen eine sprachliche Verständigung aus verschiedenen Gründen nicht möglich ist, wie Fluglotsen oder Sporttauchern, bedienen sich verschiedener Gestensysteme.

In manchen Kulturen spielen rituelle Gesten eine Rolle, wie z. B. im Hindu-Tanz.

Während die bisher beschriebenen Gesten immer im Zusammenhang mit der Sprache stehen und sie ergänzen oder ersetzen, gibt es auch Gesten, die unabhängig von Sprache gefühlsmäßige Zustände darstellen.

Während die Mimik mehr über die Art der Gefühle aussagt, ist die Hauptbotschaft der Handbewegungen wohl eher der Grad der Erregung einer Person.

Impulsive Menschen machen große Gesten, wütende

Der Schiedsrichter ›spricht‹ ein Machtwort

Menschen gestikulieren wild um sich, Ängstliche klammern sich an den Armlehnen des Stuhles fest. Diese Gesten dienen nicht dazu, mit anderen zu kommunizieren. Sie helfen gefühlsmäßige Spannungen abzubauen und treten oft dann auf, wenn die Sprache blockiert ist, da wir z. B. von bestimmten Dingen oder Ereignissen so überrascht oder entsetzt sind, daß es ›uns die Sprache verschlägt‹.

Die Hand vor dem Mund oder den Augen kann Scham signalisieren (»das will ich nicht sagen oder sehen«), kratzen und zupfen im Gesicht kann Ausdruck von Selbstvorwürfen, das Streicheln über das Gesicht Ausdruck von Selbstsicherheit sein.

Diese Gesten werden meist unbewußt ausgeführt und werden auch von den anderen kaum beachtet. Manche haben eine sehr persönliche Bedeutung, andere sind auch für fremde Personen leicht verständlich. So zeigt wohl jeder Mensch bestimmte Verhaltensweisen, wenn er nervös ist: Man kratzt sich am Kopf, trommelt unruhig mit den Fingern auf einer Unterlage, reibt sich ständig an der Nase oder fährt sich durch die Haare.

Solche Gesten können dem Abreagieren oder Lösen von emotionalen Spannungen dienen oder als eine Art ›nonverbales Selbstgespräch‹ betrachtet werden – auf jeden Fall ist ihr Ziel nicht die Kommunikation mit anderen. Sie sind daher auch zum größten Teil auf den eigenen Körper gerichtet: Man kratzt sich, streicht sich über das Gesicht, zupft am Ohrläppchen u. ä.

Gesten, die Einstellungen zu anderen Personen ausdrükken, weisen dagegen meist auch in die Richtung des anderen, vom eigenen Körper weg: Man zeigt auf jemanden, sucht seine Nähe oder zieht seine Grenzen.

Gesten können neben augenblicklichen gefühlsmäßigen Zuständen auch Ausdruck der Persönlichkeit sein. Wie jeder Mensch seinen ihm eigenen Gang hat, hat er auch seine individuelle Gestik. Wir erkennen Menschen an ihren typischen Gesten wieder, und oft ahmen wir Personen, die für uns wichtig sind oder uns als Vorbild dienen, unbewußt in ihren Gesten nach (z. B. Jungen einen Filmstar, Mädchen eine Schlagersängerin).

Gerade dann erscheinen wir für andere leicht als unstimmig, denn unsere Gesten passen nicht zu unserer Person. Je geschlossener und gefestigter die Persönlichkeit eines Menschen ist, um so weniger ›fremde‹ Gesten wird er übernehmen, um so harmonischer ist sein Gesamteindruck – er wirkt wie ›aus einem Guß‹. Enge Zusammenhänge zwischen der Art der Gesten und der Persönlichkeit – im Gesamtbild, nicht in Details – sind wahrscheinlich. Überwiegend kraftvolle, nachdrückliche, expansive und großräumige Handbewegungen lassen auch auf eine selbstbewußte, stark ausgeprägte Persönlichkeit schließen. Depressive dagegen fallen durch ihre geringen, langsamen und zögernden Gesten auf. Menschen in gehobener Stimmung machen eher schnelle, expansive, spontane, rhythmische, zum Teil affektierte und übertriebene Bewegungen; extrovertierte, aggressive und impulsive Menschen machen größere und ausschweifendere Handbewegungen als introvertierte und gehemmte Menschen.

Um die richtige Interpretation von einzelnen Gesten zu erkennen, muß man stets vielfältige Funktionen der Gestik berücksichtigen. Zusammenfassend kann man sagen, daß Gesten

- das Gesagte unterstreichen, widerlegen oder ergänzen
- durch Konventionen festgelegte Signale oder Bestandteile von Zeichensprachen sind
- einen augenblicklich vorherrschenden emotionalen Zustand reflektieren oder
- Ausdruck eines allgemeinen Persönlichkeits- oder Verhaltensstils sind.

Daneben ist zu beachten, daß Menschen ihre Gestik kontrollieren und manipulieren und daher eine Gestik, die gerade gegenteilig zu ihrem wahren emotionalen Zustand steht, produzieren können. Eine nervöse Person kann so versuchen, durch einen festen Händedruck und eine laute Stimme ihre Unsicherheit zu überspielen. Gestik ist immer ein Produkt des jeweiligen kulturellen und beruflichen Hintergrundes, des Alters, Geschlechts und der körperlichen Verfassung.

Zusätzlich zu den verschiedenen Funktionen ergeben sich bei einzelnen Gesten vielfältige Variationsmöglichkeiten durch ihre Größe und Schnelligkeit, durch die Haltung der Finger, die Ausführung mit einer oder beiden Händen und durch den Abstand vom eigenen Körper.

Im folgenden sollen nun einige Gesten, die häufig im Zusammenhang mit Macht bzw. Dominanz stehen, beschrieben werden. Eine deutliche dominante Körperhaltung ist das Stehen mit beiden in die Hüfte gestemmten Armen und Händen, wobei die Ellbogen nach außen zeigen. Wer dagegen die Hände nach vorne streckt, vielleicht sogar noch mit den Handflächen nach oben, der signalisiert Vertrauen, Offenheit und die Bereitschaft, wohlgesonnen auf den anderen zuzugehen. Alles liegt auf der Hand, nichts bleibt verborgen.

Hält man die Hände hinter dem Rücken, kann dies den Wunsch ausdrücken, nichts zu tun, keine Hand an etwas zu legen. Eine intellektuelle Aktivität ist dabei jedoch nicht ausgeschlossen, und häufig nehmen Personen diese Haltung dann ein, wenn sie uns mit Ratschlägen überschütten, aber selbst nicht bereit sind, etwas zu tun. Diese Haltung ist typisch für Befehlsgeber. Sie erteilen die Befehle, aber sie selbst geht die Sache ja nichts an. Diese Haltung kennen wir auch von manchen Lehrern. Lehnt sich ein Gesprächspartner während des Gesprächs zurück und verschränkt dabei die Hände hinter dem Kopf (die Ellbogen zeigen nach außen), signalisiert er seine sichere und unanfechtbare Position (der Körper ist ungeschützt, nach außen wird die Position durch die Ellbogen gestützt). Diese Position kann auch überheblich wirken: Ich habe die Lösung des Problems schon gefunden, aber du wirst wahrscheinlich noch etwas länger dazu brauchen.

Hände dienen dem Schutz unseres Körpers. Mit den Armen und Händen können wir uns vor Angriffen schützen. Schutzgesten laufen meist automatisch ab: So schützen wir sofort unseren Kopf, wenn wir eine Gefahr von oben befürchten.

Ellbogen sind durch ihre Härte und kantige Form besonders gut als Verteidigungswaffen und zur Abwehr geeignet.

Die von oben nach unten gerichtete Bewegung der Hand

mit verdeckten Handflächen drückt etwas Imaginäres nieder und soll ein Gegengewicht dazu herstellen. Zusammen mit einem Zurückweichen von Kopf und Oberkörper ist diese Geste oft Ausdruck einer Abwertung. Der Redner drückt mit ihr seinen Beifall nach unten, will beschwichtigen und beruhigen.

Eine weitere dominante Geste ist der Hinweis auf einen Fehler mit dem gestreckten Zeigefinger (der Handrücken ist oben). Diese Geste wirkt anklagend und vorwurfsvoll, Widerspruch und Verteidigung werden unterbunden.

Herrscher und andere mächtige Personen reichen ihren Untertanen ihre Hand mit einer Bogenbewegung von oben herab, um sich die Hand oder den Ring als Symbol der Macht küssen zu lassen.

Wenn wir jemandem unsere Anerkennung aussprechen wollen, klopfen wir ihm auf die Schulter.

Erfolgt aber dabei die Bewegung von oben, hat sie häufig einen überheblichen Unterton: Das hast Du gut gemacht, fast so gut, wie ich es gemacht hätte.

Dieser Akzent verschwindet, wenn man dem Betroffenen von der Seite her an den Arm klopft, ihm damit die offene Hand zuwendet und den Ansatz einer Umarmung zeigt.

Zusammenfassend kann man sagen, daß Handbewegungen nach unten fast immer Dominanzgesten sind.

Die nach vorn geschobene Handfläche signalisiert ein Wegschieben, Zurückweisen oder Ablehnen.

Ein vielzitiertes Beispiel dazu stammt von Richard Nixon: Nixon hielt während des Vietnam-Krieges eine Fernsehansprache, in der er die protestierende Jugend mit Versprechungen besänftigen wollte. Während er den Satz

»I promise you, you will get everything you want« (Ich verspreche euch, ihr werdet alles bekommen, was ihr wollt) sagte, schob er seine Hände deutlich sichtbar nach vorne. Mit dieser Geste dementierte er seine eigene Glaubwürdigkeit, indem er seine wahre Einstellung verriet: nämlich nur soweit unbedingt nötig dem Druck nachzugeben und sich die protestierenden Jugendlichen ›vom Leib zu halten‹.

Eine sehr wirksame körpereigene Waffe ist die Faust. In dieser Stellung ist die Hand so klein wie möglich, Knöchel und Gelenke schützen die weichere Handfläche.

Wir machen eine Faust, wenn ein Angriff droht oder wenn wir wütend und aggressiv sind und am liebsten ›zuschlagen‹ wollen. Dabei kann diese Geste durchaus nur symbolische Bedeutung haben. Wenn wir beim Zahnarzt unsere Hand zu einer Faust ballen, wissen wir sehr wohl, daß wir keinen Angriff abwehren oder uns verteidigen müssen. Die Einsicht steht über dem ursprünglichen Wunsch zu handeln.

Die Faust zu ballen kann auch ein Ausdruck gesteigerter geistiger Konzentration sein. Die so erzeugte Spannung kann einen aktiven Willensvorgang widerspiegeln.

Nur zusätzliche Signale ermöglichen eine richtige Interpretation. Öffnet man die Faust und bewegt die Hand gespannt und mit Nachdruck nach unten (den Handrücken nach oben gerichtet), versucht man etwas wegzuwischen, fremde Willensäußerungen zu unterdrücken, oder man fordert Ruhe.

In einer Diskussion signalisiert die geballte Faust die Bereitschaft, für etwas zu kämpfen.

Gesten dienen dazu, Gespräche zu steuern. Wir unterbrechen unser Gegenüber, indem wir mit der flachen Hand einen waagrechten Schlußstrich ziehen oder weitere Äußerungen mit der entsprechenden Handbewegung unterdrükken. Wir erteilen ihm mit einer offenen Handbewegung das Wort. Sprecherwechsel werden durch Gesten geregelt.

Finger unterstreichen als Teil der Hand die Handgesten. Wenn wir die Finger spreizen, vergrößern wir so die abweisende Fläche.

Aneinandergelegte Fingerspitzen, die mit der Hand die Form einer Pyramide bilden, wirken, wenn sie nach vorne gesenkt werden, wie ein Keil, der abweist, angreift oder bedroht. Untersuchungen haben gezeigt, daß die Hände in dieser Stellung um so höher gehalten werden, je bedeutender sich der Ausführende hält. Im Extremfall werden sie in Augenhöhe des Gegenübers gehalten, der Blick fällt durch die Finger.

Zur Begrüßung reicht man sich in westlichen Kulturen die offene Hand. Der Händedruck zeigt Gefühle und Kraft.

Die sozial höher stehende Person ist es, die die Hand zuerst ausstreckt, die mit dem Händedruck beginnt und über seine Dauer entscheidet.

Manche Gesten sind auf einzelne Finger beschränkt. Der Daumen ist der ›Dominanzfinger‹. Er ist Symbol der Macht und Kraft. Mit dem Daumen übt man Druck aus. Man ›hält den Daumen auf etwas‹, was man unterdrücken will. Der nach unten gestreckte Daumen war in altrömischer Zeit das Signal für »Töte ihn«, und auch heute noch drücken wir damit Abwertung, Mißfallen oder Verachtung aus.

Selbstgefällige Menschen strecken den Daumen über der aufrecht geballten Faust nach vorne, während die Hände unter den Hosenträgern oder Jackenrevers liegen.

Herausstehende Daumen bei in die Tasche gesteckten Händen signalisieren Dominanz.

Der Zeigefinger wird für Hinweissignale eingesetzt. Er wirkt symbolisch wie ein Pfeil, der auf das Ziel geschossen wird. Der ausgestreckte Zeigefinger kann drohend und aggressiv wirken, besonders, wenn man mit ihm auf eine Person zugeht. Statt des Zeigefingers werden häufig Bleistifte oder Kugelschreiber als Ersatz oder zur Verlängerung des Zeigefingers eingesetzt. Der senkrecht erhobene Zeigefinger gebietet Achtung, kann drohend oder belehrend sein.

Hand-Gesicht-Gesten nehmen in ihrer Häufigkeit stark zu, wenn jemand lügt oder versucht, etwas zu verbergen: Man legt die Hände auf den Mund (damit man nichts Falsches sagt), verdeckt seine Augen (um bestimmte Dinge nicht sehen zu müssen) oder streicht sich über das Gesicht oder die Haare (um sich selbst zu beruhigen).

Wir kennen alle die Figur mit den drei Affen, die sich Augen, Ohren und Mund zuhalten.

Die Gestik ist, vermutlich weil sie die entwicklungsgeschichtlich früheste Form der Kommunikation ist, ein sehr komplexes Kapitel der Körpersprache. Ihre Interpretation ist schwierig. Werden bestimmte Gesten häufig wiederholt, kann ihre Signalwirkung leichter interpretiert werden.

2.4. Aggressionen

In seinem Roman ›Billy Budd‹ beschreibt Melville einen Helden, dessen Tragik vor allem in seinem mangelnden sprachlichen Ausdrucksvermögen besteht. Einer der Höhepunkte der Geschichte beschreibt die Situation, in der Billy vom Kapitän – seinem Peiniger – zur Rede gestellt wird. Billy kann, von seiner Wut gepackt, kein einziges Wort herausbringen und schlägt seinen Gegner mit einem einzigen gewaltigen Schlag nieder.

Nicht immer haben Körperbewegungen solche dramatischen Folgen und sind so losgelöst von sprachlichen Äußerungen. Meist sind sie eng mit der Sprache verflochten, und die Umsetzung aggressiver Gedanken in verbale Aussagen verhindert – möglicherweise – häufig solche gewalttätigen Handlungen wie die von Billy.

Um den Begriff der Aggression rankt sich eine Fülle verschiedenartiger Definitionen und Erklärungsmodelle.

Hier die drei wichtigsten Theorien zur Entstehung von Aggressionen: Nach der Triebtheorie ist ein ›Aggressionstrieb‹ die Ursache für auftretende Aggressionen. Nach Freud ist der im Biologischen wurzelnde Todestrieb die Quelle der Aggression. Alfred Adler sah dagegen im Willen zur Macht die alleinige Ursache zur Aggression.

Die Frustrations-Aggressions-Theorie geht davon aus, daß erlittene Frustrationen unter bestimmten Umständen ein aggressives Verhalten zur Folge haben können.

In der Aggressionstheorie des sozialen Lernens, die durch viele Untersuchungen bestätigt wurde, wird behauptet, daß aggressives Verhalten erst durch Beobachtung und Verstärkung gelernt wird.

Aggressionen können sich gegen Personen, Institutionen oder gegen das eigene Ich wenden. In verschiedenen Theorien wird Depression als eine nach innen gerichtete Agression, die sich in Selbstvorwürfen, Minderwertigkeits- und Schuldgefühlen und Selbstmordgedanken äußert, gesehen.

Aggressionen können in den verschiedensten Formen auftreten. Von Gewalttätigkeiten wie Schlagen, Treten oder Beißen bis hin zu den unterschwelligsten verbalen Tiefschlägen wie Beleidigungen, Vorwürfen oder Abwertungen.

Aggressionen treten daher in allen körpersprachlichen und sprachlichen Bereichen auf.

Soziale Strukturen und Verhaltensregeln zwingen uns oft zur Anpassung. Die Aggressionen müssen verdrängt werden, die Energie staut sich im Körper. Wir fressen unseren Ärger in uns hinein, und nicht selten sind psychosomatische Beschwerden die Folge.

In jedem Fall ist Aggression eine nach außen gerichtete aktive Reaktion. Dabei hängen Macht und Dominanz häufig eng mit Aggressionen zusammen. Gerade in Beziehungen mit ungleichen Machtverhältnissen kommt es auf beiden Seiten zu aggressiven Verhaltensweisen. Der Überlegene versucht, seine Macht notfalls mit Druck aufrechtzuerhalten, und reagiert aggressiv, wenn er seine Position gefährdet sieht. Der Unterlegene wehrt sich gegen den auf ihn ausgeübten Druck.

Personen in den höheren Positionen der sozialen Hierarchie sind stets darauf bedacht, sich ihre Machtposition zu sichern. Jede tatsächliche oder scheinbare Bedrohung ihrer Position kann ein aggressives Verhalten zur Folge haben.

Während Wut und Ärger eindeutiger aus dem Gesichtsausdruck abzulesen sind, hat sich in Untersuchungen zu den Handbewegungen ein interessanter Aspekt ergeben.

Handbewegungen, die im Zusammenhang mit der Sprache auftreten, können danach als Anzeige für die Fähigkeit, aggressive Erregungen in die Sprache umzusetzen, angesehen werden.

Dabei muß man jedoch zwischen Menschen, die in ihren verbalen Äußerungen offene und direkte Feindseligkeiten zeigen, und solchen, deren Aggressionen versteckt und sich selbst gegenüber uneingestanden sind, unterscheiden.

Menschen, die ihre Aggressionen offen äußern, zeigen eher Handbewegungen, die vom eigenen Körper weg führen, auf ein anderes Objekt oder eine andere Person hin. Diese Bewegungen, die das Gesagte unterstreichen und betonen, tragen offensichtlich dazu bei, aggressive Gefühle leichter in Sprache umzusetzen.

Wer macht wen aggressiv?

Sie treten unmittelbar vor der aggressiven Äußerung auf und scheinen diese vorzubereiten. Während der Aussage sind sie überflüssig. Nach der Äußerung können zusätzlich Handbewegungen auftreten, die der Abschwächung einer überbetont feindseligen Bemerkung dienen.

Diese Handbewegungen spielen also bei der Umsetzung feindseliger Gedanken oder Gefühle in die Sprache eine Rolle. Nichts weist darauf hin, daß diese Handbewegungen an sich Ausdruck aggressiver Gefühle sind.

Menschen, die ihre aggressiven Gefühle nur versteckt oder gar nicht mitteilen, zeigen dagegen mehr Bewegungen, die auf den eigenen Körper gerichtet sind. Sie fahren sich durch die Haare, streichen sich übers Gesicht oder zupfen sich am Ohrläppchen, und häufig werden diese Bewegungen mehrmals wiederholt.

Diese Handbewegungen stehen in keinem unmittelbaren Zusammenhang mit sprachlichen Äußerungen. Sie gehören eher zum ständigen Ausdrucksrepertoire einer Person und treten daher auch bei Äußerungen auf, die keinen aggressiven oder feindseligen Charakter haben.

Zusammenfassend läßt sich also feststellen, daß Handbewegungen, wenn sie im Zusammenhang mit aggressiven Äußerungen auftreten, deren Vorbereitung und Abschwächung dienen und damit auf die Sprache bezogen sind.

Handbewegungen ohne verbale Aggressionen helfen dagegen eher, emotionale Spannungen abzubauen und sich selbst zu beruhigen.

2.5. Frauen – Männer

In einer Episode des Buches von Mark Twain verkleidet Huckleberry Finn sich als Frau. Sein Täuschungsversuch wird jedoch schnell von einer Frau aufgedeckt, die beobachtet, wie er versucht, einen Faden einzufädeln, indem er die Nadel zum Faden führt anstatt umgekehrt, wie es jede Frau tut.

Dies ist ein Beispiel für eine sehr scharfsinnige Beobachtung zur Unterscheidung von männlichem und weiblichem Verhalten.

Es gibt körpersprachliche Signale, die typisch für ein Geschlecht sind. Diese Signale werden hauptsächlich von einem Geschlecht gezeigt, was aber nicht bedeutet, daß sie ausschließlich zum Repertoire dieses Geschlechts gehören. Besonders deutliche Unterschiede zeigen sich in der Körperhaltung von Frauen und Männern. Männer nehmen in der Regel mit ihrer Körperhaltung einen größeren Raum ein. Beim Sitzen halten Frauen ihre Oberschenkel und Beine stets zusammen, was natürlich zum großen Teil durch die Kleidung bedingt ist. Selbst, wenn sie die Beine übereinanderschlagen, bleiben die Füße zusammen und in paralleler Haltung. Männer nehmen dagegen mit ihrer

Selbst in der Pose zeigen Mann und Frau die für sie typische Sitzhaltung

Sitzhaltung mehr Platz in Anspruch, sie sind durch ihre Kleidung weit weniger eingeschränkt.

Bei Begegnungen auf engem Raum drehen Frauen ihren Körper – vermutlich als Schutz – von dem Entgegenkommenden weg, Männer wenden sich ihrem Gegenüber zu.

Diese Unterschiede haben nichts mit der Anatomie von Frauen und Männern zu tun. Das Verhalten wurde gelernt und schafft und betont die Unterscheidungsmerkmale zwischen den Geschlechtern.

In Zeitschriften und auf Plakaten werden Frauen häufig mit seitlich geneigter Kopfhaltung dargestellt. Diese Haltung vermittelt eher Schüchternheit oder Unterwürfigkeit als ein gerade gehaltener Kopf. Die seitliche Haltung des Kopfes kann auch dazu dienen, zu einer anderen Person hinaufzuschauen, wobei diese Haltung bequemer ist als der nach hinten geneigte Kopf. In jedem Fall ist diese bei Frauen sehr häufig vorkommende Kopfhaltung weniger dominant als die bei Männern vorherrschende Haltung: Kopf nach vorne und Kinn hoch.

Um die Unterschiede in den Körperhaltungen bei Frauen und Männern zu verdeutlichen, seien den Männern einmal folgende Übungen empfohlen:

Bücken Sie sich, um etwas vom Boden aufzuheben. Halten Sie dabei Ihre Knie eng zusammen und beachten Sie, daß Ihr Gesäß nicht hochsteht. Gleichzeitig legen Sie einen Arm über die Brust (damit man Ihnen nicht in den Ausschnitt sehen kann). Oder:

Rennen Sie über eine kurze Entfernung. Achten Sie auch dabei darauf, daß Sie Ihre Knie zusammenhalten. Sie müssen kurze, hohe Schritte machen. Beobachten Sie, wie weit Sie in 30 Sekunden kommen.

Viele Körperhaltungen und Bewegungsmuster sind bei Frauen eingeschränkter und angespannter. Sie signalisieren eher Unterordnung und Machtlosigkeit als Dominanz und Macht.

So werden auch dominante Positionen, wie die bereits beschriebene ›entspannte Aggressivität‹, von Frauen weitaus seltener eingenommen. Sogar Frauen mit einem hohen sozialen Status zeigen diese Haltung seltener und in abgeschwächter Form. Gesten, die der Kontrolle des eigenen Aussehens dienen, wie das Ordnen der Haare oder der Kleidung, treten wesentlich häufiger in männlich/weiblichen Begegnungen auf als bei weiblich/weiblichen Zusammentreffen. Interessanterweise zeigen Feministinnen solche Gesten noch seltener und nur im Zusammenhang mit Männern. Diese Gesten sind daher eher ein Aspekt der Unterordnung – die Frauen sind darauf bedacht, einen guten Eindruck zu machen und in den Augen der Männer Gefallen zu finden – als einfache geschlechtsspezifische Unterschiede.

Einzelne Gesten haben bei Frauen und Männern eine unterschiedliche Bedeutung. So ist die Geste, sich mit der flachen Hand auf die Brust zu schlagen, bei Männern ein Signal der Aufrichtigkeit, Frauen zeigen diese Geste als Schutzreaktion bei Schreck oder Überraschungen.

Frauen haben bedeutend mehr Schwierigkeiten, Aggressionen auszudrücken. Ihr Verhaltensrepertoire ist eingeschränkter als das der Männer. Frauen können häufig nicht ärgerlich werden und ihren Ärger nur verdeckt in Form von Tränen, nervösem Lachen, Enttäuschung oder Furcht ausdrücken.

Der Ausdruck von Ärger ist oft mit Schuldgefühlen und Selbstanklagen verbunden. So wird auch kaum von weiblicher Aggression gesprochen. Aggressive Handlungen sind dagegen bei Männern besonders auch gegenüber Frauen wesentlich häufiger. Die Formen der Aggressionen sind vielfältig. Manche Männer behandeln Frauen wie Puppen und schieben und schubsen sie durch Türen, in den Aufzug oder zu anderen Personen hin.

Ein deutliches Beispiel für die unterschiedliche Bewertung von männlichen (aggressiven und wettbewerbsorientierten) und weiblichen (anmutigen und kooperativen) Bewegungs- und Gesten-Systemen ist der Stellenwert von Sport und Tanz in unserer Gesellschaft. Sport ist überall beliebt, Sportler werden am besten bezahlt, und Sport ist ein Zeichen von Stärke und Fähigkeit. Tanz wird zwar nicht ausschließlich von Frauen praktiziert, spiegelt aber eindeutig eine weibliche Kultur wider. Tänzer werden daher auch meist als feminine Männer betrachtet. Der Beruf der Tänzerinnen und Tänzer ist hart, wird schlecht bezahlt, und es ist ein ständiger Kampf, überhaupt ein Engagement zu bekommen.

3. Das Mienenspiel

3.1. »Zeig mir, was Du sagst und fühlst!«

Unter der Überschrift ›bonn bons – Prominenten in den Mund geschoben‹ zeigt eine große deutsche Illustrierte die Gesichter bekannter Persönlichkeiten und fügt dem gezeigten mimischen Ausdruck humorvolle, aber doch mit dem Gesichtsausdruck harmonierende Aussagen hinzu. Diese Bilder verdeutlichen, daß verschiedene Aussagen mit gleicher Mimik möglich sind und der Gesichtsausdruck allein daher kein ausreichendes Signal für die richtige Interpretation darstellt.

Der Gesichtsausdruck hat die längste Geschichte in der Erforschung der Körpersprache.

Bereits 1872 ging Darwin in seinem Buch über den Ausdruck von Gefühlen bei Mensch und Tier der Frage nach den Ursachen des Zustandekommens eines spezifischen Gesichtsausdrucks nach. Eine seiner Thesen war, daß den Gesichtsausdrücken ein entsprechendes zielgerichtetes Verhalten vorausging und sie zunächst zusammen mit dem Verhalten auftraten, später dann stellvertretend für das tatsächliche Verhalten gezeigt wurden. So leitete zum Beispiel das Zähnezeigen ursprünglich das Verhalten ein, den Gegner zu beißen. Es wurde mit Aggressionen verbunden und trat dann immer auf, wenn der Betroffene dieses Gefühl verspürte.

Die Frage der Entstehung der Gesichtsausdrücke und nach ihrer Universalität bei allen Menschen beschäftigt bis heute die Forscher und hat zu unterschiedlichen Theorien und Ergebnissen geführt, auf die hier nicht näher eingegangen wird.

Das Gesicht ist die ausdrucksfähigste Region für körpersprachliche Signale. Im Gesicht ist ein sehr differenzierter Ausdruck von Gefühlen, Stimmungen und Befindlichkeiten möglich.

Die besonders gut ausgebildete und komplexe Muskulatur des Gesichts ermöglicht nicht nur eine sehr große Zahl unterscheidbarer Gesichtsausdrücke, sondern auch den Ausdruck unterschiedlicher Intensitäten der Gefühle durch die Einbeziehung zusätzlicher Muskeln oder die größere Muskelanspannung. Das Gesicht ist die wichtigste Informationsquelle, wenn zwischen positiven und negativen Gefühlen unterschieden werden soll.

Dies wird uns besonders bewußt, wenn wir im Fernsehen Schauspieler sehen, die schon durch ganz geringe Gesichtsbewegungen (Augenlid, Mundwinkel, Kopfdrehen) etwas ausdrücken, was uns innerlich bewegt.

Die Bedeutung und der Gebrauch des Gesichtsausdruckes läßt sich in drei Bereiche aufteilen: Der Gesichtsausdruck kann ein charakteristisches Kennzeichen der Persönlichkeit sein, er kann Gefühle und zwischenmenschliche Einstellungen ausdrücken, und er kann als Unterstützung und Ergänzung der Sprache Signale setzen innerhalb der Kommunikation.

Das Gesicht ist das wichtigste Kennzeichen und Erkennungszeichen einer Person. Jeder hat einen typischen Gesichtsausdruck und typische Reaktionsmuster. Wir gewinnen den Eindruck einer Person aus dem Gesicht, nicht zuletzt, weil wir ihm besondere Aufmerksamkeit schenken. Da der Gesichtsausdruck aber bis zu einem gewissen – manchmal sehr großen – Teil kontrolliert werden kann, ist das, was wir sehen, das Ergebnis der versuchten Selbstdarstellung einer Person.

Besteht überhaupt ein Zusammenhang zwischen bestimmten Signalen und charakteristischen Persönlichkeitszügen, und welche Merkmale vermitteln uns diesen Eindruck?

Eine hohe Stirn (die sogenannte Denkerstirn) verbinden wir mit Intelligenz, schmale Lippen mit Gewissenhaftigkeit, ein fliehendes Kinn mit Schwäche, matte Augen mit Müdigkeit und Mandelaugen mit Sanftheit. Die Frage, ob tatsächlich ein ursprünglicher Zusammenhang zwischen bestimmten physischen Beschaffenheiten und Charaktereigenschaften besteht, läßt sich nicht klären. Sicher ist, daß anhaltende Gesichtsausdrücke die Stimmung anzeigen, in der sich die Person oft befindet. Sie können mit der Zeit zu dauerhaften Veränderungen, z. B. zur entsprechenden Faltenbildung, führen.

Weiter besteht ein Zusammenhang zwischen unserem Eindruck und den Bedeutungen, die bestimmte Teile des Gesichts haben. Eine hohe Stirn enthält ein großes Gehirn, ein fliehendes Kinn macht es schwer, sich durchzusetzen.

Wenn das Gesicht eincr uns fremden Person dem einer bekannten Person ähnlich ist, verfallen wir schnell dem Fehler, den Charakter des Fremden ähnlich einzuschätzen.

Wenn ein Gesicht einen positiven Eindruck auf uns macht, neigen wir dazu, eventuell erlebte negative Handlungen zu beschönigen. Daher haben es auch gut aussehende Menschen im Leben oft leichter. Wirkt das Gesicht negativ auf uns, ist ein nachfolgendes negatives Verhalten nur die Bestätigung unseres ersten Eindrucks.

Durch das Wechselspiel des zunächst rein physischen Gesichtsausdrucks und unserer Reaktionen darauf kann sich bei dem Betroffenen durchaus im Laufe der Zeit tatsächlich das entsprechende Verhalten einstellen. Jemanden mit einer kühnen Adlernase und einem vorstehenden Kinn halten wir für eine kämpferische und durchsetzungsfähige Person; weil wir dieses Verhalten von ihm erwarten, zeigt er es auch. Dieser Vorgang der sich selbst erfüllenden Prophezeiung spielt auch bei mächtigen, höher ge-

In der Ausdrucksfähigkeit des Gesichtes können sich alle Arten von Gefühlen widerspiegeln

stellten Personen eine Rolle. Aufgrund ihrer Stellung wird ein bestimmtes Verhalten, ein bestimmter Gesichtsausdruck von ihnen erwartet, und manche Menschen werden erst durch unsere Erwartungen so.

Mit dem Gesichtsausdruck können wir Gefühle und zwischenmenschliche Einstellungen ausdrücken. Die in verschiedenen Untersuchungen ermittelten ›Hauptgesichtsausdrücke‹ spiegeln die Gefühle Glück, Überraschung, Furcht, Wut, Ekel und Verachtung, Traurigkeit und Interesse wider.

Wie unterscheiden sich diese Gefühle im Gesichtsausdruck? Jedes Gefühl wird durch ein Muster, das das gesamte Gesicht miteinbezieht, dargestellt. So gehört zur Wut das Stirnrunzeln, hochgezogene Oberlider, eine weit geöffnete Nase, ein offener Mund, der die untere Zahnreihe sichtbar macht, und eine schmale Unterlippe.

Die grundlegenden Gesichtsausdrücke sind sicher angeboren. Sie werden aber durch kulturelle Regeln und Vorschriften verändert. Diese bestimmen, bis zu welchem Maß welche Gefühle gezeigt werden dürfen oder ob manche Gefühle nicht direkt ausgedrückt werden dürfen.

Mit der Weiterentwicklung der Sprache hat der Gesichtsausdruck eine neue Aufgabe übernommen: die Unterstützung und Ergänzung der Sprache. Diese Signale, die in Verbindung mit der Sprache auftreten, sind meist durch relativ kurze Bewegungen von Teilen des Gesichts, wie z. B. den Augenbrauen, gekennzeichnet. Da sie sich unmittelbar auf die Sprache beziehen, bestehen sie aus schnellen und komplexen Folgen verschiedener Darstellungen. Sie stehen in engem Zusammenhang mit anderen Signalen, die gesendet werden oder empfangen wurden. Ihre wichtigste Aufgabe ist die Belohnung bzw. Bestrafung und die Billigung bzw. Mißbilligung des Gesagten. Damit haben diese Signale auch direkte Auswirkungen auf das folgende Verhalten. Wird das Verhalten einer anderen Person gebilligt, so wird diese es wiederholen oder weiterführen. Wird es dagegen mißbilligt, kommt es meist zum Abbruch des entsprechenden Verhaltens. Signale der Dominanz führen zu den komplementären Signalen der Unterwerfung und der Besänftigung oder fordern zum Kampf gegen sie auf.

Bestimmte soziale Situationen bestehen aus gewissen Ritualen, deren Regeln den ›richtigen‹ Gesichtsausdruck vorschreiben. Bei Begrüßungen soll man fröhlich und freundlich sein, in der Kirche soll man ein feierliches Gesicht aufsetzen, und bei Beerdigungen wird Traurigkeit oder Ergriffenheit erwartet.

Diese Signale des Gesichtsausdrucks, die mit der Sprache zusammenhängen, unterliegen nicht wie die Gefühle dem autonomen Nervensystem. Sie werden vermutlich von demselben Teil des Gehirns kontrolliert, der die Sprache regiert.

Diese Signale müssen gelernt werden, auch wenn die Fähigkeit, diese Gesichtsausdrücke zeigen zu können, angeboren ist.

Ein ungeschulter Beobachter nimmt nur einen Gesamteindruck des Gesichts bewußt wahr und fragt dann z. B.: »Was machst du für ein Gesicht?« Die Einzelheiten des mimischen Ausdrucks werden zwar vom Gehirn registriert, dringen jedoch nicht bis ins Bewußtsein vor.

Um die Details des Gesichts zu erfassen, teilt man es in die drei Bereiche Stirn, Mittelgesicht und Mund- und Kinnpartie auf.

Der Stirnbereich gibt Aufschlüsse über Prozesse des Denkens und Analysierens. Waagrechte Stirnfalten deuten an, daß man aufmerksam ist. Diese Aufmerksamkeit kann jedoch mehrere Anlässe haben, wie Schreck, Erstaunen, Angst oder Verwirrung. Erst die Kombination mit anderen Signalen läßt eine genaue Deutung zu. Längsfalten oder senkrechte Falten drücken Willen und Konzentration aus. Die gesamte Aufmerksamkeit ist auf etwas oder jemanden gerichtet. Die Spannung der Muskeln spiegelt ein gezieltes Wollen wider. Entstehungsursachen für Längsfalten können Entschlossenheit, Trotz, mißmutige Gereiztheit oder Eigensinn sein.

Die Bewegung der Augenbrauen steht meist im Zusammenhang mit der Faltenbildung der Stirn. Gekoppelt mit der Lidstellung und dem Stirnrunzeln können die Augenbrauen bis zu 40 verschiedene Stellungen einnehmen.

Die mimischen Ausdrucksmöglichkeiten von Nase und Wangen sind minimal. Das Aufblähen der Nasenflügel gilt als ein Zeichen der Erregung, das Naserümpfen signalisiert Unlust, Unbehagen und Widerwillen.

Der Mund ist das Hauptorgan der Nahrungsaufnahme und -verarbeitung sowie der Sprache. Er ist der beweglichste Teil des Gesichtes und das Zentrum für das Lächeln und den Schmerz. Vorgeschobene Lippen gelten als feindliches Ausdruckssignal, gespannte, zusammengepreßte Lippen signalisieren ohnmächtige Wut, und das einseitige Verziehen des Mundes deutet auf Spott und Verächtlichkeit hin. Das Zucken und Zittern des Mundes ist ein Alarmzeichen für hochgradige Nervosität oder Wut. Wenn man bereit ist, etwas wahrzunehmen, öffnet sich der Mund leicht – besonders, wenn man erstaunt ist. Verstockte Menschen, Sonderlinge und Welt- und Menschenverächter verschließen sich gegenüber der Welt. Ihre Lippen sind häufig verschlossen. Wenn man etwas nicht sagen will, beißt man sich auf die Lippen. Man verbeißt sich in etwas oder zeigt einen verbissenen Einsatz. Am nachhaltigsten verändern die Bewegungen der Mundwinkel den Gesichtsausdruck. Spannungslos herabhängende Mundwinkel verraten Trauer, Enttäuschung oder schmerzlichen Verzicht. Gespannt heruntergezogene Mundwinkel signalisieren als aktive Haltung Geringschätzung, Neid, Mißgunst, Skepsis, Ironie oder eine entwertende Stellungnahme.

Dem Kinn ordnet man Willensstärke und Durchsetzungsvermögen zu. Wer sein Kinn vorschiebt, kann sich energisch durchsetzen, wer ein fliehendes Kinn hat, zeigt eher Schwäche.

Die hier beschriebenen Bedeutungen der Bewegungen der einzelnen Teile des Gesichts stellen nur eine kleine Auswahl der umfangreichen Erforschungen dar.

3.2. Das Gesicht wahren

In manchen Kulturen ist es für die Menschen das Schlimmste, wenn sie ihr ›Gesicht verlieren‹. Das bedeutet, daß sie bestimmte Regeln nicht einhalten oder die Kontrolle über ihre Gefühle verlieren. Da es in manchen Ländern z. B. als Unhöflichkeit gilt, auf die Frage eines Fremden, etwa nach dem Weg, keine Antwort zu wissen, schickt man ihn lieber in die falsche Richtung, als ›sein Gesicht zu verlieren‹.

Auch in unserer westlichen Kultur ist es nicht immer angebracht, die Tiefe unserer Gefühle zu zeigen. Extreme Gefühlsäußerungen, wie Schreien, Weinen oder lautes Lachen, werden nur im privaten Bereich akzeptiert.

Je bedeutender und wichtiger eine Person ist, um so eher ist sie darauf bedacht, ihre ›Würde zu wahren‹. Emotionale Ausrutscher sind ein Beweis der Schwäche. So sagt man auch, daß erfolgreiche Manager ihre Gefühle kontrollieren können, einfache Arbeiter dagegen nicht. Der Preis dieser Gefühlskontrolle ist jedoch hoch, und viele dieser Manager haben im Laufe der Zeit den Kontakt zu ihren eigenen Gefühlen vollkommen verloren. Die Gefühle werden verdrängt; Ärger, Enttäuschung und Frustration äußern sich nicht selten in psychosomatischen Beschwerden. Heute findet man auch in den höheren Etagen der Firmen eine Tendenz zur ›Vermenschlichung‹. Gefühle sind wieder gefragt, allerdings kommt es auf die Form an, in der sie geäußert werden.

Eine stark bewegte Mimik zeigt die leichte Beeinflussung von Außenreizen und die rasche Folge, mit der Eindrücke und innere Erlebnisse aufgenommen werden, an. Eine Person, deren Mimik sehr bewegt und lebhaft ist, zeigt meist auch ein impulsives, gefühlsbetontes und aktives Verhalten. Sind die Bewegungen jedoch monoton und wiederholen sich ständig, ist dies ein Zeichen von Unruhe, Hast und der Unfähigkeit, sich auf einzelne Situationen und Reize einzustellen.

Eine wenig bewegte Mimik weist auf eine gewisse Beständigkeit seelischer Vorgänge hin. Nicht alle Reize werden beantwortet. Es wird eine Auswahl getroffen, die anderen Reize werden unbewußt abgeschirmt. Eine wenig bewegte Mimik wird gleichgesetzt mit einer konstanten Stimmungslage, einer geringen Ablenkbarkeit, Gelassenheit, Ausgeglichenheit, Beschaulichkeit und Überlegenheit. Kommt zu dieser Mimik aber noch Langsamkeit und Spannungslosigkeit dazu, entsteht der Eindruck seelischer Eintönigkeit und Antriebsschwäche. Diese Personen haben ein leeres, nichtssagendes Gesicht, ihre Gesichtszüge sind eingeschlafen.

Das Gesicht ist die wichtigste und erste Informationsquelle über die Gefühle einer anderen Person. Die Kontrolle des Gesichtsausdruckes bedeutet daher auch die Kontrolle der Abgabe von Informationen über den momentanen Gefühlszustand. Je weniger Informationen ich meinem Gegenüber gebe, um so weniger weiß er über mich, und Wissen ist ja bekanntlich Macht.

Mächtige und sozial höhergestellte Personen sind daher stets darauf bedacht, möglichst wenig von ihren Gefühlen zu zeigen, um den anderen möglichst wenig Macht zu geben. Je weniger man die Gefühle eines Menschen einschätzen kann, um so schwerer fällt es schließlich auch, sich ihm überlegen zu fühlen. Um doch noch wichtige Informationen zu erhalten, schärft man seine Wahrnehmung. Je mehr jemand versucht, seine Mimik zu beherrschen, um so mehr Bedeutung gewinnen Kleinigkeiten wie das kurze Zucken der Mundwinkel. Ganz vollständig gelingt die Unterdrückung dieser Signale meist nie.

Untersuchungen bei Japanern, die in der Regel Meister in der Kontrolle ihres Gesichtsausdruckes sind, zeigten, daß sie durchaus Streßsignale im Gesicht zeigen, wenn sie glaubten, allein zu sein. Sobald sie sich beobachtet glaubten, wurden diese Signale unterdrückt.

Vergleicht man den kontrollierten, regungslosen Gesichtsausdruck von Ärzten, Politikern oder Richtern mit dem ›normaler‹ Menschen, besonders dem von Kindern, wird deutlich, wie eng die Kontrolle des Gesichtsausdrucks mit Macht und Status zusammenhängt.

Das Gesicht ist das wichtigste Medium, mit dem wir uns selbst darstellen, mit dem wir einen bestimmten Eindruck von uns erwecken wollen. Daher ist es auch ein wichtiges Mittel, um Macht, Status und Autorität auszudrücken.

›Cool‹ sein ist ein erstrebenswertes Merkmal unserer Gesellschaft. Es bedeutet nichts anderes, als keine persönlichen Gedanken oder Gefühle zu zeigen. Man ist zwar damit auch weniger angreifbar, aber echte zwischenmenschliche Beziehungen können auf dieser Basis nicht entstehen.

Auch im Gesichtsausdruck bestehen Unterschiede zwischen Männern und Frauen. Das unausgesprochene Ziel vieler Mütter, nach dem Mädchen ›nett‹ aussehen sollen, führt häufig zu ausdruckslosen und ewig lächelnden Gesichtern. Wenn man schreit, schmollt, wütend oder traurig ist, sieht man ja nicht nett aus.

Insgesamt gesehen zeigen Frauen jedoch noch eine größere Variabilität in ihren Gesichtsausdrücken als Männer. Männer zeigen in der Regel weniger Gefühle, besonders solche, die Schwäche oder Hilflosigkeit ausdrücken. Sie geben weniger persönliche Information preis und sind damit auch weniger verletzbar – aber auch einsamer.

3.3. Lachen hat viele Nuancen

»Wer lächelt, statt zu toben,
ist immer der Stärkere.«
Laotse

Viele östliche Weisheiten haben die Bedeutung des Lächelns erkannt. Lächeln ist in den Ländern Asiens ein wichtiger Bestandteil des Lebens, und wir sprechen vom Land des Lächelns, wenn wir Japan meinen.

Was hat es nun mit dem Lächeln auf sich?

Ein chinesisches Sprichwort sagt: »Wer nicht lächeln kann, soll keinen Laden eröffnen.« Damit ist keineswegs gemeint, daß ein Ladenbesitzer seine Kunden immer anlächeln muß – was sich sicher auch geschäftsfördernd auswirken würde –, sondern, daß ein Mensch, der nicht lächeln kann, auch mit sich selbst nicht im reinen ist. Mit einer grundsätzlichen Unzufriedenheit kann man sich aber nicht erfolgreich selbständig machen.

Das Lächeln bedeutet in diesem Fall keine Unterdrükkung der negativen Gefühle, es zeigt vielmehr an, daß man bereits einen Schritt weiter ist und ›über den Dingen‹ steht.

Diese Erfahrungen kann jeder selbst machen, wenn er sich in einer Situation, in der ihm nicht zum Lächeln zumute ist, weil er verärgert oder wütend ist, zum Lächeln zwingt. Zuerst kommt es einem unecht vor, es wirkt gequält, aber nach ca. 20 Sekunden wird es immer echter. Plötzlich ändert sich auch das Gefühl. War man vorher sehr verärgert, so wird man allmählich ruhiger, man kann wieder klarer denken und ist offen für neue Dinge. Das Lächeln bietet uns also eine Chance, aus unseren negativen Gefühlen herauszukommen, und in diesem Fall handelt es sich keineswegs um die Verdrängung dieser Gefühle. Verdrängen bedeutet, daß ich diese Gefühle nicht akzeptiere und sie aus meinem Bewußtsein schiebe. Mit dem Lächeln nehme ich die negativen Gefühle zuerst bewußt wahr und setze dann an ihre Stelle positive Gefühle. Sie werden nicht verdrängt, sie lösen sich auf.

Diese Art ist jedoch nur eine der vielen Formen des Lächelns; sie können vom entwaffnenden Lächeln über das nervöse Lächeln bis hin zum dummen Grinsen reichen.

Ursprünglich hat sich das Lächeln vermutlich aus der Gebärde des Zähnezeigens entwickelt. Wer die Zähne – seine Waffen – zeigte, wirkte durch seine Offenheit entwaffnend auf seine Gegner.

Folgende Arten des Lächelns lassen sich unterscheiden:

Das gewollte Lächeln entspricht dem zwanghaften Lächeln, z. B. bei Fotoaufnahmen oder das Verlegenheitslächeln. Es tritt mehr oder weniger plötzlich auf und verschwindet genauso wieder. Es ist eine reine Zweckbewegung, sein Gefühlsgehalt ist gering. Ein süßliches Lächeln wirkt schmeichelnd, leicht unecht und übersteigert. Es drückt mehr aus, als in Wirklichkeit empfunden wird.

Das Schmunzeln signalisiert ein schweigendes Mitgehen ohne ausdrückliche positive Zustimmung, aber mit einer eigenen Meinung zum Erlebten. Ein verschmitztes Lächeln weist auf Freude über etwas hin, das geheim gehalten werden soll. Das Feixen stellt eine grimassierende Art des Lächelns dar. Es wirkt frech, provozierend oder hämisch.

Das aufgelockerte Lächeln ist ein Signal für Liebenswürdigkeit und Freundlichkeit.

Lächeln kann auch entwertend sein. Es spiegelt dann eine besserwisserische oder schadensfrohe Haltung wider.

Den Konflikt, seine wahre Meinung zu zeigen, verbirgt man hinter einem schiefen Lächeln. Man lacht gequält über einen Witz, weil es höflich ist, darüber zu lachen.

Lächeln ist eine soziale Handlung. Kaum jemand lächelt vor sich allein hin. Es tritt vorwiegend in sozialen Situationen auf und hat dementsprechend auch unterschiedliche Funktionen innerhalb der Kommunikation.

Sehr oft verdeckt das Lächeln – eigentlich ein Ausdruck von Vergnügen und Entspannung – die wahren Gefühle.

Die Häufigkeit des Lächelns unterscheidet sich erheblich zwischen mächtigeren bzw. höhergestellten Personen und untergeordneten Personen. Lächeln wahrt den äußeren Schein einer angenehmen Beziehung und der Gleichheit zwischen Über- und Untergeordneten. Mit dem Lächeln signalisieren die untergeordneten Personen Akzeptanz des bestehenden Machtverhältnisses. Lächeln wirkt

Drückt Lächeln immer unsere wahren Gefühle aus?

besänftigend auf die Mächtigen. Ihre Position ist nicht gefährdet, sie brauchen weniger Machtmittel einsetzen. Mächtige Personen sind daher von vielen lächelnden Gesichtern umgeben, und nicht selten schließen sie daraus auf eine Zufriedenheit und Sorglosigkeit ihrer Untergebenen.

Obwohl keine speziellen Untersuchungen vorliegen, wird häufig davon ausgegangen, daß Frauen mehr lächeln als Männer. Lächeln entspricht der Rolle der Frau, die in öffentlichen Situationen ein warmes, freundliches Verhalten zeigen sollte. Das Lächeln wird zur Maske. Die Ergebnisse von Untersuchungen, nach denen bei Frauen eine geringere Übereinstimmung zwischen dem Lächeln und dem Inhalt einer Aussage als bei Männern besteht, bestätigen diese Funktion des Lächelns.

Während das Lächeln in der Regel stumm ist, unterscheidet man beim Lachen verschiedene Laute.

Lachen kann wie das Lächeln verschiedene Qualitäten haben. Es gibt ein boshaftes, künstliches, gehässiges, herzliches, zynisches, blasiertes, verzweifeltes oder befreiendes Lachen. Die Bedeutung unterscheidet sich je nach dem Vokal, der dabei bevorzugt wird.

Beim Lachen auf A ist der Mund weit geöffnet. Dieses Lachen ist offen, befreiend, herzhaft und vermittelt ungetrübte Freude.

Dagegen wirkt das Lachen auf E meist nicht so sympathisch. Es ist spöttisch, verächtlich, hämisch oder stellt einen überheblichen Ausdruck von Freude dar.

Das kichernde Lachen auf I ist Ausdruck von Schadenfreude. Ein Lachen auf O signalisiert Trotz, Hohn, Protest, Abwehrreaktionen oder Situationen, die einen peinlich berühren.

Die Palette, auf der Lachen und Lächeln auftreten können, ist breit gestreut. Sie reicht vom wohlwollenden Einverständnis bis hin zur aggressiven Herabsetzung.

Auch zwischen Lächeln und Macht bzw. Status besteht ein Zusammenhang.

Lächeln ist aber auch ein sehr wirkungsvolles Mittel, um gute zwischenmenschliche Beziehungen aufzubauen, und wie ein burmesisches Sprichwort sagt: »Wenn du jemand ohne ein Lächeln siehst, gib ihm deins.«

4. Blick-Kontakte

4.1. Die Augen – der Spiegel der Seele

Der Blick hat wie die Berührung magische und anziehende Qualitäten. Manchmal ist er wie ein Funken, der zwischen zwei Personen überspringt – ein Funke der Anerkennung, der Liebe oder der Verachtung. Wir unterscheiden viele Arten von Blicken: den durchdringenden, abwesenden, stumpfen, freudigen, verliebten, lachenden oder mißtrauischen Blick.

Blicke können Gefühle auslösen, sie können erregen, begeistern, verunsichern oder sogar ›töten‹. Die enge Beziehung zu den Gefühlen wird auch in verschiedenen Ausdrücken deutlich wie: Liebe auf den ersten Blick, sein/ihr Blick hat mich verzaubert, deine Augen sind die Augen einer verliebten Frau u. ä.

Das Sehen steht in Zusammenhang mit unserem Denken: Wir haben An-sichten, Ein-blicke und Ausblicke, Sicht-Weisen und sehen die Dinge aus einem Blick-Winkel heraus.

Die Augen sind ein so wichtiges Zeichen zur Identifikation einer Person, daß das Bedecken der Augen – in der Regel durch einen schwarzen Balken – ausreicht, um eine Person unerkennbar zu machen, obwohl alle anderen Signale wie Gesicht, Haare, Kleidung, Körpergröße und Körperform sichtbar bleiben.

Blicke variieren entsprechend der individuellen Persönlichkeit, den Gefühlen oder Einstellungen zum Gegenüber und dem Thema eines Gesprächs. Es gibt das einseitige Anblicken und den gegenseitigen Blickkontakt. Wir beurteilen die Qualität eines Blickes anhand mehrerer Merkmale, wie der Dauer, der Blickrichtung, dem Blinzeln, der Öffnung der Augen, der Pupillenerweiterung und dem begleitenden Gesichtsausdruck.

Die zahlreichen Untersuchungen, die über die verschiedenen Aspekte des Blickes gemacht wurden, ergaben viele interessante, aber zum Teil auch sehr widersprüchliche Ergebnisse. So zeigt der Öffnungsgrad der Augen – weit geöffnet, zugekniffen oder blinzelnd – an, wieviel man von seiner Umwelt wahrnimmt. Wenn man etwas nicht wahrhaben will, will man es ja bekanntlich nicht sehen und verschließt die Augen.

Weit aufgerissene Augen können Staunen, Überraschung oder Bewunderung, aber auch Erschrecken, Entsetzen, Neugier oder Sehnsucht signalisieren. Man kann etwas mit den Augen verschlingen oder bei erhöhter Aufmerksamkeit die Augen aufreißen.

Viele Untersuchungen befaßten sich mit der Veränderung der Pupillengröße. Sie ändert sich nicht nur bei wechselnden Lichtverhältnissen, sondern auch bei zu- bzw. abnehmendem Interesse der betroffenen Person. Eine kleine zusammengezogene Pupille erzeugt einen stechenden, durchbohrenden Blick, eine weite Pupille läßt eine Person offener und sympathischer erscheinen. Diese Wirkung kannte man bereits vor Hunderten von Jahren, als Frauen ein pflanzliches Präparat mit dem Namen ›Belladonna‹, das die Pupillen erweiterte, benutzten, um schöner und attraktiver zu wirken. Weite Pupillen signalisieren Interesse, daher auch der Ausdruck ›dem anderen tief in die Augen schauen‹.

Von arabischen Kaufleuten sagt man, daß sie die Pupillen ihrer potentiellen Käufer studieren und daran feststellen, ob und inwieweit der Kunde an einem Geschäft interessiert ist.

Während sich die Veränderungen der Pupillengröße unter kontrollierten Versuchsbedingungen relativ gut feststellen lassen, sind sie unter normalen Bedingungen nur schwer zu erkennen. Eine kurze Entfernung, gutes Licht und konstante Lichtverhältnisse sind notwendige Voraussetzungen. Die Pupillen verengen sich aber auch, wenn wir nachdenken – was ja durchaus auch ein Zeichen des Interesses sein kann. Exakte Informationen erhält man allein durch die Beobachtung der Veränderung der Pupillengröße nicht.

Blicke spiegeln nicht nur Gefühle wider, sie kennzeichnen auch die Einstellungen und Beziehungen zweier Personen zueinander. Personen, die sich mögen, schauen sich auch öfter an. Dabei hat der häufige Blickkontakt eine größere Bedeutung als die entsprechende – zugewandte – Körperhaltung.

Der Blickkontakt steht in engem Zusammenhang mit anderen körpersprachlichen Signalen. Sind Personen räumlich weit voneinander entfernt, tritt häufiger ein Blickkontakt auf, als wenn sie dicht beieinander stehen oder sitzen. Räumliche Nähe genügt als Ausdruck einer engen Beziehung, zusätzliche Nähe durch den Blickkontakt wäre zu viel. Personen, die man selbst sehen kann, aber die einen selbst nicht sehen, schaut man öfter an – wohl um gefahrlos, ohne durch seinen langen bzw. häufigen Blick aufzufallen, möglichst viel Informationen zu bekommen. Bei sehr intimen oder gefühlsbetonten Gesprächsthemen wird der Blickkontakt ebenfalls reduziert. Bei unangenehmen oder peinlichen Themen unterbrechen wir schneller den Blickkontakt – vermutlich um die negativen Reaktionen des anderen nicht sehen zu müssen.

Interessante Ergebnisse ergaben sich auch bei bewußten Täuschungen anderer Personen. Während die meisten Menschen weniger Blickkontakt zeigen, wenn sie andere täuschen oder anlügen, zeigen Personen, die als konstanten Persönlichkeitszug die Tendenz haben, andere zu ihrem eigenen Besten zu manipulieren und auszunutzen, ein anderes Verhalten.

Sie schauen dem Gegenüber offen und fest in die Augen – ›ohne mit der Wimper zu zucken‹. Wenn jemand einem fest in die Augen schaut, ist dies noch lange kein Beweis dafür, daß er nicht lügt – diese Erfahrung mußten schon viele Menschen machen.

Auch kulturelle Unterschiede findet man beim Blickkontakt: Südosteuropäer und Araber suchen mehr Blickkontakt als Mitteleuropäer und Amerikaner. In den einzelnen Kulturen herrschen zum Teil auch spezielle Regeln, wer wen, wie lange und wie oft anschauen darf.

Weitere Ergebnisse sind: Kinder zeigen mehr Blickkontakt als Jugendliche, Frauen schauen Frauen und Männer öfter an als Männer dies tun. Extrovertierte Personen haben mehr und länger Blickkontakt als introvertierte, verschlossene Personen. Depressive Menschen zeigen wenig Blickkontakt und blicken meist auf den Boden.

Wir schauen einer Person, die einen höheren Status als wir selbst hat, eher in die Augen als einer Person, die einen geringeren Status hat.

Die Interpretation eines Blickkontakts sind äußerst vielfältig und komplex. Jemand, der einen Blickkontakt vermeidet, kann dies tun, weil er räumlich der anderen Person zu nahe ist, weil er über ein sehr intimes Thema spricht, andere Interessen hat, sein Gegenüber nicht mag, introvertiert ist oder aus einem anderen Kulturkreis kommt.

Grundsätzlich ist der Blickkontakt wichtig für die Einschätzung der anderen Person. Ist sie uns freundlich oder feindlich gesonnen? Außerdem ist der Blickkontakt auch eine Aufforderung oder Anzeige von Nähe und Intimität. Personen, denen man positiv gegenüber steht oder von denen man Zustimmung erwartet, schaut man öfter an.

4.2. »Starr mich nicht an!«

Nicht zu allen Personen, die wir länger anschauen, haben wir eine positive Einstellung. Blickkontakt hat auch seine negativen Seiten.

Wir mögen es nicht, wenn wir von anderen Menschen ›angestarrt‹ werden, und wir empfinden es als unhöflich, selbst andere Menschen anzustarren.

Dagegen ist es erlaubt, sogenannte ›Nichtpersonen‹, wie Schauspieler, die in eine andere Rolle geschlüpft sind und ihre eigene Persönlichkeit abgelegt haben, anzustarren. Andere ›Nichtpersonen‹ wie Hausangestellte oder Kellner ignoriert man mit einem starren Blick, der ins Leere geht. Personen mit hohem sozialem Status übersehen häufig niedriger Gestellte, sehen über sie hinweg oder schneiden sie mit ihren Blicken.

Den Menschen, die wir nicht kennen, die wir aber auch nicht ablehnen oder ignorieren, signalisieren wir mit einem kurzen Blick, daß wir sie gesehen haben, ihnen aber nicht – durch einen zu langen Blick – zu nahe kommen wollen.

Das Ausmaß eines Blickkontaktes ist immer das Resultat des Konfliktes von Hinschauen und Wegschauen, und je nach der Beziehung zweier Menschen zueinander verändert sich die Bilanz zugunsten eines häufigeren oder selteneren Blickkontaktes.

Das Anstarren ist der deutlichste Dominanzaspekt beim Blick. Während ein fester Blick in Wirklichkeit gar kein fester Blick ist, sondern unstetig von einem Auge des Gegenübers zum anderen schweift, ist das Starren das Fixieren eines Punktes. Das Anstarren wirkt unecht und künstlich und stellt keinen richtigen Kontakt zur anderen Person her. Es ist unangenehm und aggressiv.

Besonders im Tierbereich gilt das Anstarren in Verbindung mit anderen Körpersignalen als Akt der Bedrohung.

Das Wegschauen des anderen signalisiert Unterwerfung und Besänftigung.

Manchmal führen wir kleine Wettbewerbe oder Machtkämpfe untereinander aus, wer den Blickkontakt länger halten kann. Derjenige, der ihn zuerst abbricht, ist der Verlierer.

Zurückstarren kann dazu dienen, Aggressionen abzuwehren und Stärke zu beweisen.

Das lange Anstarren kann einen sehr bedrohlichen Charakter haben, man fühlt sich dem anderen ausgeliefert und versucht, seinem Blick auszuweichen. Man fühlt sich beobachtet und verunsichert. Jemanden länger, als es die konventionelle Höflichkeit erlaubt, anzustarren, bedeutet eine gewisse Mißachtung der Person. Häufig geschieht es, daß man durch bestimmte auffällige Merkmale wie ausgefallene Kleidungsstücke oder extravagante Frisuren, die Blicke der anderen auf sich zieht. Man möchte zwar beachtet werden, aber wird man ständig angestarrt, fühlt man sich schnell unwohl.

Eine besonders unangenehme Situation ist das Starren in Verbindung mit einem Schweigen, da hier zusätzliche verbale Informationen fehlen. Gegenüber Menschen, die uns anstarren, sind wir weniger freundlich und hilfsbereit. Ein Gespräch und einen Interviewer bewerten wir negativer, wenn der Fragesteller uns während der ganzen Zeit anstarrt.

Eine dunkle Sonnenbrille hat den Vorteil, daß man eine andere Person anstarren kann, ohne daß diese es sieht. Allerdings hat die angestarrte Person allein aufgrund der versteckten Augen des Brillenträgers – ständig den Eindruck, beobachtet zu werden.

Das Anstarren von Personen dient dazu, sich eine gewisse Macht oder Dominanz über andere zu verschaffen, sie zu erhalten oder wieder zu gewinnen. So zeigen auch Menschen, die die Tendenz haben, andere kontrollieren zu wollen, wesentlich häufiger ›dominante‹ Blicke als Personen, die diese Eigenschaft nicht haben.

Hat man jedoch erst einmal seine dominante Position aufgebaut, verändert man auch sein Blickverhalten.

4.3. Der aufmerksame Blick

Wenn sich Personen ihrer hohen sozialen Stellung oder ihrer Machtposition sicher sind, neigen sie dazu, ihnen untergeordnete Personen weniger anzuschauen, sie manchmal sogar nicht einmal eines Blickes zu würdigen, sie zu übersehen und zu ignorieren. Überlegenheit kann also sowohl durch einen häufigen und langen Blick (das Anstarren) als auch durch eine Vermeidung des Blickkontaktes mitgeteilt werden. Untergeordnete Personen zeigen dagegen einen wesentlich häufigeren Blickkontakt zu den ihnen übergeordneten Personen. Der Hauptgrund dafür dürfte das Bestreben sein, möglichst viele Informationen über den anderen zu erhalten. Die bestehende Abhängigkeit von der übergeordneten Person macht es notwendig, richtig auf ihre Einstellungen und Gefühle zu reagieren, andernfalls drohen Sanktionen oder Bestrafungen. Mehr Informationen führen zu einer besseren Einschätzung der augenblicklichen Situation.

Ein Mitarbeiter wird zu seinem Vorgesetzten gerufen. Er nimmt an, daß er einen Fehler gemacht hat und nun zur Rechenschaft gezogen werden soll. Er betritt das Zimmer und nimmt sofort den Blickkontakt auf, um Informationen über das bevorstehende Gespräch zu erhalten. Wenn der Vorgesetzte ihn nun – ohne auch nur einen Blick auf ihn zu werfen – kritisiert, bestraft er ihn gewissermaßen doppelt: Er teilt ihm seine Kritik verbal und körpersprachlich mit, indem er ihn keines Blickes für würdig hält (zusätzlich wird er natürlich noch andere entsprechende Körpersignale aussenden).

Kann man die Situation und die Reaktionen der mächtigeren Person besser einschätzen, so kann man sich in seinem eigenem Verhalten danach richten und so manche Schwierigkeit vermeiden. Stellt man sich auf die andere Person ein, bedeutet das jedoch gleichzeitig, daß man ihren Status oder ihre Position akzeptiert.

Dominante Personen werfen häufig nur einen Blick auf den anderen, der aber ›Bände spricht‹. Ein abschätzender Blick von oben herab signalisiert neben Dominanz auch Überlegenheit, Verachtung oder Überheblichkeit. Der Blick von unten ist eher ein Zeichen der Unterwerfung, ein schräger Blick von oben nach unten erweckt das Gefühl von Geringschätzung und ein wandernder Blick zusammen mit einer kühlen Mimik wirkt abschätzend, taxierend oder kränkend.

Bei der Betrachtung der Häufigkeit des Blickkontaktes ist der Unterschied zwischen dem Sprechen und dem Zuhören zu beachten. Während man zuhört, hält man fast doppelt soviel Blickkontakt wie beim Sprechen. Die Erklärung ist einfach: Beim Sprechen muß man sich auf seine Gedanken und ihre Formulierung durch Worte konzentrieren. Würde man seinen Zuhörer dabei ständig anschauen, wäre man von den vielen Informationen überfordert und könnte seine Sprechaufgabe nicht mehr ungestört erledigen. Denkt man nach, schweift der Blick oft vom Gegenüber ab, an die Decke oder aus dem Fenster. Meist ist dies dann kein Blick nach außen, man nimmt die Dinge um sich nicht wahr. Man blickt gewissermaßen nach innen.

Aber auch hier gibt es Unterschiede je nach der eingenommenen Machtposition oder der sozialen Stellung. Während die Häufigkeit des Blickkontaktes beim Zuhören bei untergeordneten Personen deutlich höher ist als beim Sprechen, zeigen die Höhergestellten kaum Unterschiede. Beim Zuhören beachten sie ihr Gegenüber – sofern es sich um eine untergeordnete Person handelt – also weit weniger, und manchmal wird der Sprecher sogar Luft für sie.

Der Blickkontakt erfüllt wichtige Funktionen bei der Regulierung von Gesprächen. So schaut der Sprecher kurz vor dem Ende seiner Ausführungen weg und nimmt erst am Ende seiner Aussagen den Blickkontakt wieder auf, um dem anderen mit diesem Signal den Raum zu überlassen.

Der sogenannte Kontrollblick, mit dem man auf die Informationen seines Gegenübers achtet, ist wesentlich für eine erfolgreiche Gesprächsführung. Achtet man nicht auf die Signale, die durch den Blick und durch andere körpersprachliche Zeichen gesendet werden, können einem wichtige Informationen entgehen. Das Wissen über die Körpersprache nützt wenig, wenn man die Signale nicht wahrnimmt. Daher sollte man es sich zur Gewohnheit machen, erst zu Ende zu denken (dabei schaut man ja meist weg), dann den Blickkontakt wiederherstellen, die Informationen des anderen aufzunehmen und erst dann seine Ausführungen zu beginnen.

Ein weiterer wichtiger Aspekt ist die Sichtbarkeit seines Gesprächspartners. Wir mögen es nicht, wenn wir beobachtet werden, ohne selbst den Beobachter sehen zu können. Wir erhalten keinerlei Informationen über den anderen und fühlen uns daher leicht verunsichert.

Untersuchungen haben ergeben, daß stets die Person, die bei einer Begegnung mehr visuelle Informationen erhält, auch dazu tendiert, in der Beziehung zu dominieren. Sie versucht also, ihren Informationsvorsprung zu nützen. Der Beobachter fühlt sich stets wohler als der Beobachtete.

Der Gesamteindruck des Gesichtes unterscheidet Aufmerksamkeit von Anstarren

Man fühlt sich beobachteter, wenn man gefragt wird, als wenn man selbst Fragen stellt.

Frauen fühlen sich häufiger beobachtet, wenn sie Männern begegnen als umgekehrt. Die Rolle der Frau entspricht auch eher der der Beobachteten, der Vorführenden. Frauen legen mehr Wert auf Kleidung und Äußerlichkeiten als Männer. Männer sind eher in der Rolle des Zuschauers und Beobachters.

Alle diese Ergebnisse zeigen, daß sich stets die untergeordneten Personen beobachteter fühlen als die Personen mit einem hohen Status. Dies mag durchaus auf konkreten Erfahrungen beruhen – wenn sie in der Vergangenheit von dominanten Personen häufiger angestarrt wurden.

Wie kann man nun das aggressive Anstarren von der erhöhten Aufmerksamkeit durch Blicke unterscheiden? Ausschlaggebend sind Informationen durch die Qualität und die Länge des Blickes, durch andere körpersprachliche Signale und die äußeren Umstände. Es kommt nur selten vor, daß man sich irrt.

Zusammenfassend kann man sagen, daß der Grad der Aufmerksamkeit mittels Blickkontakt vom Grad der sozialen Macht abhängt. Je höher die Position einer Person ist, um so weniger schaut sie den anderen an und umgekehrt, je niedriger die soziale Stellung einer Person ist, um so größere Aufmerksamkeit muß sie der anderen Person schenken.

4.4. »Schau mir in die Augen, Kleines«

Für Filmkenner ist dieser Satz Humphrey Bogarts in dem Film ›Casablanca‹ zu einem geflügelten Wort geworden.

Die Aussage ist untrennbar mit der männlichen Rolle verbunden und es ist kaum denkbar, daß dieser Satz von einer Frau gesagt wird.

Speziell die Erforschung der Unterschiede im Blickverhalten von Männern und Frauen wurde sehr intensiv betrieben und hat zu einer Reihe von komplexen, allerdings oft auch widersprüchlichen Ergebnissen geführt.

Die von den meisten Forschern anerkannte Tatsache ist, daß Frauen mehr Blickkontakt haben als Männer. Ob bei Begegnungen mit Frauen oder mit Männern, Frauen schauen häufiger andere Personen an, unabhängig davon, ob sie sprechen, schweigen, zuhören oder an Diskussionen beteiligt sind. Warum zeigen Männer weniger Blickkontakt?

Statt über unterschiedliche Persönlichkeitsvariablen zu spekulieren, kann man auch die sozialen Bedingungen untersuchen, unter denen dieses Verhalten auftritt. Bezieht man den Aspekt von Macht und Status mit ein, fällt die Erklärung leicht. Frauen haben in unserer Gesellschaft auch heute noch häufiger einen niedrigeren sozialen Status als Männer. Sie sind in weitaus höherem Maße abhängig von den Männern, sei es auf der finanziellen oder der psychologischen Ebene. Damit sind sie auch abhängiger von den Informationen anderer – besonders der Männer. Sie suchen Informationen über die Angemessenheit ihres Verhaltens und sie suchen Zustimmung.

Spiegelt sich daher im Blickkontakt tatsächlich der Machtunterschied zwischen den Geschlechtern wider?

Zunächst ergibt sich ein gewisser Widerspruch: Frauen haben mehr Blickkontakt als Männer – aber das Privileg, andere lange anzuschauen oder anzustarren, haben die mächtigeren Personen. Die Aufmerksamkeit untergeordneter Personen kann jedoch sehr genau vom dominanten Starren unterschieden werden. Frauen starren nicht, sie suchen zwar häufiger den Blickkontakt, aber nicht, um den anderen ihre Überlegenheit zu demonstrieren.

Für die Tatsache, daß Frauen öfter Blickkontakt zeigen als Männer, gibt es natürlich eine Fülle von Erklärungen: Frauen sind aufgrund ihrer sozialen Position mehr auf die Signale anderer angewiesen. Oder sie schauen nur deshalb öfter, weil sie öfter zuhören anstatt zu reden (wobei sich am Ausmaß des Redens auch Dominanz widerspiegelt). Frauen müssen mehr Blickkontakt gegenüber Männern zeigen, da diese weniger deutlich sichtbare Informationen über ihre Einstellungen und Gefühle abgeben. Die Anzahl der Begründungen ließe sich weiter fortsetzen. Sie haben sicher alle ihre Berechtigung, wobei der Aspekt Status und Macht auf jeden Fall Beachtung verdient.

Obwohl Frauen öfter andere Personen anschauen, wenden sie auch öfter ihren Blick ab, wenn sie angeschaut werden. Das Wegschauen signalisiert einmal Unterwürfigkeit und Besänftigung, es kann aber auch die Folge davon sein, daß Frauen sehr viel häufiger von Männern angestarrt werden als umgekehrt. Anstarrende Blicke sind unangenehm und man weicht ihnen aus, indem man wegschaut.

Das Wegschauen ist aber auch ein gelerntes Verhalten. Zahlreiche Benimmbücher beschreiben auch heute noch den gesenkten Blick als den passenden Gesichtsausdruck für eine ›bescheidene und anständige‹ junge Frau.

Während Männer den Blickkontakt mit anderen Männern eher meiden, starren sie jedoch zurück, wenn sie angestarrt werden – sie steigen ein in den Machtkampf. Frauen weichen jedem aus, der sie anstarrt, gleich, ob es sich dabei um eine Frau oder einen Mann handelt.

Während manche Forscher dem Augenmake-up der Frauen die Funktion zuschreiben, das direkte Starren zu verändern und damit seine bedrohende Wirkung zu reduzieren, ist m. E. häufiger das Gegenteil der Fall. Durch das Make-up werden die Augen betont, ihr Ausdruck wird wirkungsvoller, und die Blicke werden mehr beachtet.

Frauen entsprechen in ihrem Blickverhalten weitgehend untergeordneten und weniger dominanten Personen: Sie suchen häufiger Blickkontakte, um Informationen zu bekommen, sie brechen den Kontakt schneller ab, und sie starren weitaus seltener als Männer.

5. Klangsymbole

5.1. Der Ton macht die Musik

»Der Ton, in dem du mit mir sprichst, gefällt mir nicht!«

»Du hast dich wohl ein bißchen im Ton vergriffen!«

»Gewöhne dir mal einen anderen Ton an!«

Alle diese Aussagen belegen, wie wichtig der richtige Tonfall für uns ist. Während sich die inhaltlichen Informationen durch einen unterschiedlichen Tonfall nicht ändern, sind die Auswirkungen auf die Beziehung der beiden Gesprächspartner oft enorm. Man kann etwas in einem barschen, säuselnden, harten, bedauerlichen, freundlichen oder entschuldigenden Ton sagen, und manchmal wird der genaue Inhalt darüber sogar zur Nebensache.

Ob ich sage »es tut mir leid« oder »das war nicht böse gemeint« oder »ich wollte dich nicht verletzen«, ist letztlich egal.

Der Tonfall muß das entsprechende Gefühl ausdrücken, nur dann glaubt uns der Betroffene.

Es liegt auf der Hand, daß ein vorwurfsvoller, bedrohlicher oder befehlender Tonfall ein Ausdruck von Macht oder Status sein kann.

Personen, die eine Fremdsprache sprechen, fallen im betreffenden Land oft sofort als Ausländer auf, obwohl ihre Aussprache bei den einzelnen Wörtern völlig korrekt ist. Grund dafür ist der andere Sprachrhythmus. Jede Sprache und jeder Dialekt hat einen eigenen Rhythmus. Das Durchklingen eines fremden Sprachrhythmus führt bei manchen Menschen zu unangenehmen Gefühlen, zumeist verbunden mit gewissen Vorurteilen gegenüber Ausländern.

Interessant ist in diesem Zusammenhang, daß die Oberschicht eines Landes in der Regel eine akzentfreie Schriftsprache gebraucht.

Die Sprachmelodie, die durch das Heben und Senken der Stimme entsteht, kann sachlichen Tatsachen eine bestimmte gefühlsmäßige Betonung geben. »Es war *Manfred,* der das Buch als letzter in der Hand hatte.« Die Betonung von Manfred drückt Verärgerung oder einen Vorwurf aus und gibt daher der sachlichen Information eine zusätzliche Bedeutung auf der Beziehungsebene. An der Betonung erkennen wir auch, wann eine Aussage ironisch oder sarkastisch gemeint ist. Wenn z. B. jemand auf die Frage »Macht es dir auch wirklich nichts aus, diese Sache für mich zu erledigen?« mit einem ›Nein‹ antwortet, das unmißverständlich dem Tonfall nach ein ›Ja‹ bedeutet, erfüllt der Betreffende zwar die Bitte des anderen, aber eher widerwillig als begeistert.

Ein weiterer Aspekt der Sprache ist die Sprechgeschwindigkeit. Grundsätzlich gilt, je häufiger man die gleiche Aussage macht, um so schneller redet man, da man mehr Übung und Routine hat. Auf Zuhörer, für die die gegebene Information neu ist, wirkt dann die Sprechgeschwindigkeit schnell zu hoch. Sie können gedanklich nicht mehr folgen und schalten ab. Die Kunst eines guten Redners besteht daher auch immer darin, sich in seiner Sprechgeschwindigkeit seinen Zuhörern anzupassen und ihnen durch entsprechende Kontrollfragen, Beispiele oder kurze Pausen die Gelegenheit zu geben, die Informationen aufzunehmen und zu verarbeiten.

Zu schnelles Sprechen wird manchmal auch – wohl eher unbewußt – dazu eingesetzt, um den anderen zu überfordern und ihm dann das Gefühl der Unzulänglichkeit zu vermitteln. Manche Menschen sichern sich dadurch ihre Überlegenheit. Wenn jemand zu langsam spricht, erzeugt er beim Zuhörer schnell Langeweile. Dieser wendet sich dann anderen Gedanken oder Dingen zu. Das gedankliche Abschweifen wird an den entsprechenden Körpersignalen deutlich. In Kontakten mit Vorgesetzten kann sich dieses Verhalten negativ auswirken, da der Eindruck entsteht, daß man die Sache nicht wichtig und ernst genug nimmt. Nahestehende Personen sind häufig verletzt, wenn der andere ihnen nicht zuhört.

Wenn jemand einen anderen zu etwas überreden möchte, spricht er schneller – wohl um den anderen nicht mit Gegenargumenten zu Wort kommen zu lassen. Zusätzlich spricht er lauter, mit einem größeren Spektrum in Tonhöhe und Lautstärke und mit einer gleichmäßigeren Sprechgeschwindigkeit.

Häufig heißt es, daß Menschen, die ängstlich sind, schneller sprechen, um ihre Angst zu verdecken. Dies trifft jedoch nicht für Menschen zu, deren ständige Grundhaltung ängstlich ist. Kommen sie in eine tatsächliche angstauslösende Situation, sprechen sie langsamer.

Pausen können in einem Gespräch vielfältige Funktionen erfüllen. Eine Pause kann dem eben Gesagten ›Nachdruck‹ verleihen, sie kann zum Nachdenken notwendig sein, ein Zeichen der Ablenkung darstellen oder aus Verlegenheit entstehen und daher mit der Hoffnung verbunden sein, daß der andere etwas sagt. Strategisch eingesetzte Pausen vermitteln oft mehr Informationen als Worte.

Pausen können auch ein Signal dafür sein, daß man andere Personen zu Wort kommen lassen will. Die Verteilung der Sprechgelegenheiten und Sprechzeiten steht wiederum in engem Zusammenhang mit den bestehenden Machtverhältnissen und Statusunterschieden.

Unterbrechungen sind stets ein Privileg der mächtigeren

und höhergestellten Personen. So darf ein Untergebener seinen Vorgesetzten nicht unterbrechen, muß aber umgekehrt sofort aufhören zu sprechen, wenn der Chef ihn unterbricht. Bei Beobachtungen in Gesprächsgruppen läßt sich die Rangordnung der Teilnehmer relativ gut an der Zahl ihrer erfolgreichen Unterbrechungen ermitteln.

Männer unterbrechen andere Personen, unabhängig von der sozialen Situation, öfter und erfolgreicher als Frauen.

Auch das Schweigen wird von den Mächtigeren manipuliert. »Sprich nicht, bevor du gefragt wirst!« – diese Aussage kann nur eine höherstehende oder mächtigere Person machen und damit einer untergeordneten Person das Schweigen auferlegen. Umgekehrt kann sie den anderen auch nachdrücklich zum Sprechen auffordern: »Antworte, wenn ich dich etwas frage!«

Schweigen kann natürlich auch Ausdruck von Desinteresse oder Ignoranz sein.

Ein weiteres Merkmal des Sprechens ist die Lautstärke. Wer laut spricht, will sich für etwas stark machen, will kämpfen oder sich engagieren. Begeisterung und Engagement werden dabei häufig für Aggressivität gehalten. In beiden Fällen legt man mehr Energie in sein Sprechen und läuft damit Gefahr, anderen laut zu erscheinen. Lautstärke wirkt auf viele Menschen unangenehm und kann durchaus einen bedrohlichen Charakter haben.

Eine deutliche Aussprache macht es einfacher, den Inhalt einer Aussage zu verstehen. Je undeutlicher jemand spricht, um so mehr Aufmerksamkeit beim Zuhörer ist notwendig. Man spricht Sätze oder Wörter, deren Bedeutung einem peinlich ist, unklarer und leiser, vermutlich in der Hoffnung, vom anderen nicht gut verstanden zu werden. Man spricht leiser und undeutlicher, wenn man sich bei Fremdwörtern hinsichtlich ihrer korrekten Aussprache unsicher ist.

Zusammenfassend gilt: Je sicherer man in einem Thema ist und je weniger negative Gefühle man dabei hat, um so deutlicher und klarer ist die Aussprache.

Eine Person, die flüssig spricht, wird als kompetenter – aber nicht unbedingt vertrauensvoller und glaubwürdiger – empfunden als jemand, der zögernd oder abgehackt spricht.

Das plötzliche Leiser-Sprechen kann auch eine strategische Funktion erfüllen: Es fordert vom Zuhörer eine höhere Aufmerksamkeit und Konzentration.

Die verschiedenen Lautsymbole des Sprechens haben grundsätzlich zwei Funktionen: Sie können als Ergänzung oder Kommentar zur Sprache dienen, oder sie können Informationen über die Gefühle, Einstellungen und Persönlichkeit des Sprechers geben.

Hinsichtlich der vermittelten Gefühle ergeben sich folgende Zusammenhänge: Eine mäßige Variation in der Tonhöhe – also eine eher monotone – drückt Ärger, Langeweile, Furcht oder Abneigung aus, extreme Unterschiede in der Tonhöhe signalisieren dagegen Aktivität, Überraschung oder Zufriedenheit. Ein langsames Sprechtempo läßt auf Langeweile, Abneigung oder Traurigkeit schließen, ein schnelles Sprechtempo auf Stärke, Ärger, Aktivität oder Überraschung.

Bei der Einschätzung der Einstellung gegenüber anderen Personen achtet man stärker auf den Gesichtsausdruck als auf den Klang der Stimme. Der Stimme wird jedoch noch eine größere Bedeutung als dem Inhalt zugemessen.

5.2. Stimme und Persönlichkeit

Die Aspekte des Sprechens, die der Persönlichkeit zugeschrieben werden, sind die Lautstärke, die Tonhöhe, die Stimmqualität (Resonanz und Atemtechnik) und der Akzent.

Der Akzent gibt uns Informationen über die Herkunft und die Zugehörigkeit zu einer bestimmten sozialen Klasse.

Neben der Kleidung ist er das wichtigste Erkennungsmerkmal für die verschiedenen gesellschaftlichen Schichten.

Je höher die soziale Klasse, um so deutlicher und klarer, um so akzentfreier wird in der Regel die Sprache. Die Sprache der Mittelklasse und der Gebildeten in England ist klarer, artikulierter, weniger verwischt, benutzt mehr Tonhöhen, und es kommen seltener Versprecher vor als bei der Sprache der Unterklasse.

Anhand des Akzentes oder des Dialektes erkennt man die Herkunft einer Person. Dabei unterscheidet man zwischen Herkunftsländern oder Gebieten; manchmal gehen die Unterscheidungen sogar soweit, daß die Bewohner einzelner Stadtviertel an ihrem Akzent erkannt werden. Wenn man durch den Akzent die Gruppenzugehörigkeit des Sprechers identifiziert hat, neigt man dazu, ihm dann auch die Stereotypen dieser Gruppe aufzuerlegen: Ein Italiener ist temperamentvoll, ein Deutscher korrekt, ein Amerikaner oberflächlich, ein Engländer kühl u. ä.

Die Bemühungen mancher Menschen, besonders deutlich und akzentfrei zu sprechen, können als Versuch gesehen werden, den Akzent der höheren gesellschaftlichen Schichten zu übernehmen. Man kann seinen Akzent auch je nach Gesprächspartner wechseln. Kinder sprechen häufig in der Schule Hochdeutsch, zu Hause Dialekt.

Die Art des Sprechens kann auch Ausdruck der individuellen Persönlichkeit sein. Jeder hat seine eigene, für ihn typische Stimme, wie er seinen eigenen Gang oder seinen eigenen Gesichtsausdruck hat. Es gibt Stimmen, die uns sympathisch sind, andere sind zu laut, zu schrill oder zu hoch bzw. zu tief.

Die Stimmhöhe unterscheidet sich bei Frauen und Männern. Frauen haben meist eine höhere Stimme als Männer. Diese Unterschiede in der Tonhöhe lassen sich jedoch nicht allein auf anatomische Unterschiede zurückführen. Diese sind zwar vorhanden, aber bei weitem nicht so groß wie tatsächlich gezeigte Unterschiede. Sie sind demnach gelernt und stellen einen wichtigen Teil der sozialen Rolle als Mann oder Frau dar.

Abweichungen von der Norm haben Einfluß auf die Einschätzung der Persönlichkeit des Sprechers/der Sprecherin. Männer mit hoher Stimme werden – meist hinter ihrem Rücken – ausgelacht und in Gruppendiskussionen häufiger mißachtet.

Frauen mit tiefer Stimme wirken männlicher (dominanter) und besetzen häufiger Positionen als Sprecherinnen oder Ansagerinnen. Feministinnen gelten als schrill, unabhängig davon, ob ihre objektive Lautstärke die Norm übersteigt oder nicht.

Eng verbunden mit verschiedenen Klangsymbolen ist der individuelle Sprachstil einer Person.

Der Sprachstil von untergeordneten Personen ist eher überhäuft mit stereotypen, zögernden, selbstzweifelnden und selbstherabsetzenden Aussagen, wie zum Beispiel: »Ich mag ja vielleicht nichts davon verstehen und sollte eigentlich nichts dazu sagen, aber meine persönliche Meinung wäre...« Statt dessen könnte man auch sagen: »Wir sollten...« Die vielen an sich unwesentlichen Wörter erfüllen mehrere Funktionen: Sie schützen vor Angriffen, geben Zeit zum Nachdenken und ermöglichen die Chance zum Rückzug. Manchmal beeindruckt allein die Fülle der Worte. In Wirklichkeit zeigt diese Art zu sprechen einen eher machtlosen Stand des Sprechers an. Er tastet sich vorsichtig heran, die Initiative zu ergreifen, was ihm eigentlich ja nicht zusteht.

Frauen haben grundsätzlich einen anderen Sprachstil als Männer. Sie sprechen personenzentrierter, beziehen andere Personen in ihre Welt mit ein. Sie sprechen häufiger über innerliche Zustände und Gefühle. Ihre Ausdrucksweise ist unpräziser und verschleierter. Sie stellen eher indirekte oder rhetorische Fragen und geben weniger Statements ab. Frauen stimmen zu, bewundern, verstehen und akzeptieren den Gesprächspartner und heben damit seinen Status.

Männer sind in ihrer Art zu sprechen selbstbezogener, mehr beschäftigt mit Aktionen und äußerlichen Handlungen. Sie äußern ihre Wünsche häufiger in der Form von Aufforderungen oder Befehlen. Männer liefern Informationen, argumentieren und wetteifern untereinander. Frauen zeigen eher die Tendenz – wie untergeordnete Personen – zu zögern, sich zu entschuldigen oder ihre eigenen Statements zurückzunehmen.

Die vielfältigen Merkmale der Sprache – unabhängig vom Inhalt – tragen so dazu bei, Macht- und Statusunterschiede deutlich zu machen.

5.3. Die ›richtige‹ Anrede

Die Form der Anrede, z. B. als ›Hans‹ oder ›Herr Müller‹, kann in verschiedenen Situationen einmal als Ausdruck der Solidarität oder als Kennzeichen des Status dienen.

Auf der Ebene der Solidarität besteht zwischen zwei Personen eine gewisse Vertrautheit und Nähe. Die gegenseitige Anrede ist informell und vertraut, meist mit dem Vornamen oder sogar mit dem Spitznamen. Im Deutschen entspricht dieser Form das persönliche Fürwort ›Du‹. In anderen Sprachen, zum Beispiel dem Englischen, wird hier kein Unterschied gemacht, die Anrede erfolgt immer mit ›you‹.

Besteht zwischen zwei Gesprächspartnern eine gewisse Distanz oder möchte man diese herstellen, verwendet man die höfliche und formelle gegenseitige Anrede mit ›Herr‹ oder ›Frau‹, dem Familiennamen und dem persönlichen Fürwort ›Sie‹.

Ein unterschiedlicher Status zweier Personen wird dagegen auch am unterschiedlichen Gebrauch der Anrede sichtbar. Eine Person mit dem niedrigeren Status verwendet eine respektvolle, förmliche Anrede meist sogar mit dem entsprechenden Titel ihres Gegenübers. Eine Person mit dem höheren Status spricht eine Person mit niedrigerem Status häufig formlos und mit dem Vornamen an. Der Chef ist Herr Dr. Braun, die Sekretärin Fräulein Monika, die Lehrerin ist Frau Huber, die Schülerin Anneliese.

Untersuchungen in verschiedenen Firmen ergaben, daß für die Form der Anrede nicht das Alter oder die Dauer der Firmenzugehörigkeit ausschlaggebend ist, sondern die jeweilige Position in der Hierarchie des Unternehmens. Der Vorname wird gegenüber gleichgestellten und untergeordneten Personen als Anrede gebraucht, gegenüber höhergestellten Personen verwendet man Titel und Familiennamen.

Auch Frauen werden häufiger und schneller mit ihrem Vornamen angesprochen als Männer. Das liegt sicher oft daran, daß ihre beruflichen Positionen und damit auch ihr sozialer Status im Durchschnitt niedriger sind. Dienstleistungsberufe wie Arzthelferin, Sekretärin, Assistentin oder Bedienung werden meist von Frauen ausgeübt, und gerade in diesen Berufen ist die Anrede mit dem Vornamen sehr geläufig.

Letztlich spiegeln sich auch in der Form der Anrede die bestehenden Machtverhältnisse und Statusunterschiede wider.

In Zusammenhang mit der Anrede stehen häufig verschiedene Fragen nach dem Befinden der betreffenden Person oder ihrer Familie. Auch hier bestehen Unterschiede zwischen über- oder untergeordneten Personen. Während ein Vorgesetzter seinen Untergebenen fragen kann, wie es seinen Kindern geht, ist dem Untergebenen dieser Eingriff ins Privatleben seines Chefs versperrt. Man ist offener gegenüber höherstehenden Personen als gegenüber niedrigerstehenden Personen, und am offensten zeigt man sich gegenüber Gleichgestellten. Ebenso wie Gefühle und Einstellungen untergeordneter Personen eher an verschiedenen Körpersignalen sichtbar sind als bei höhergestellten, verhält es sich auch mit der persönlichen Geschichte der Untergeordneten. Während Vorgesetzte oder Lehrer anhand des Personalbogens Kenntnis über detaillierte persönliche Daten haben, weiß der Untergebene oder der Schüler häufig so gut wie nichts über das Privatleben seines Chefs oder seines Lehrers. Dieser ist jedoch in der Regel auch darauf bedacht, möglichst wenig persönliche Informationen preiszugeben. Die Kenntnis rein persönlicher Dinge steht im Gegensatz zur Autorität, denn je mehr ich von jemandem weiß, um so eher kann ich ihn angreifen, verletzen oder verunsichern.

Obwohl die Informationen an sich meist trivial sind, unterstreichen sie doch die Ungleichheiten der beteiligten Personen. Auch wenn die Informationen selbst einem keine Macht in die Hand geben, spiegelt sich doch im Akt des Preisgebens bereits die Macht des Empfängers wider.

Informationen liefern das Potential zu handeln, das dem, der diese Informationen nicht hat, fehlt.

Mächtige Personen hüllen sich in Schweigen. Sie bleiben geheimnisvoll und rätselhaft – wie Howard Hughes.

Frauen geben in der Regel mehr persönliche Informationen preis als Männer. Befinden sie sich jedoch in gesellschaftlich hohen Positionen, schränken auch sie die Abgabe persönlicher Informationen gegenüber anderen ein.

Im Grunde genommen ist es kein Zeichen der Schwäche, offen gegenüber dem anderen zu sein und sich ihm mitzuteilen. Gerade in der Offenheit liegt der Schlüssel zu persönlicheren, ehrlicheren Beziehungen – aber eben nur dann, wenn diese Offenheit freiwillig und gegenseitig ist.

6. Die Zeit

6.1. Zeit-Räume

Ein Blick auf die Sprache macht deutlich, daß zwischen der Zeit und dem Raum gewisse Parallelen bestehen. Man spricht von Zeiträumen, davon, jemandem Zeit einzuräumen oder die Zeit zu überschreiten. Man bildet Warteschlangen (räumliche Anordnungen), die die Reihenfolge der Ankunft (zeitliche Ordnung) anzeigen. Einige Räume besitzt man nur eine bestimmte Zeit, wie Hotelzimmer oder Wohnungen, die man für einen gewissen Zeitraum mietet.

Wenn man diese Raum-Zeit-Analogie weiterführt, kann man, entsprechend den verschiedenen Raumzonen, auch verschiedene Zeitzonen und die dazugehörige Art der Kommunikation betrachten.

Unpersönliche Begegnungen mit Fremden, die nur dem Informationsaustausch dienen, wie z. B. die Frage nach dem Weg, werden in kürzester Zeit abgehandelt. Mit Menschen, denen wir uns nahe fühlen, verbringen wir freiwillig viel Zeit. Die Länge des Zeitraums wächst demnach mit der Enge der Beziehung – umgekehrt wie die Raumzonen, die mit zunehmender Nähe und Vertrautheit der Beziehung immer kleiner werden.

Die analogen Zeitzonen lassen sich wie folgt beschreiben: Bei der ›öffentlichen Zeit‹ ist die Begegnung anonym. Man ist emotional unbeteiligt. Es geht meist nur um kurze Auskünfte oder Informationen. Sie dauert von einigen Sekunden bis zu wenigen Minuten.

In der ›sozialen Zeitzone‹ besteht bereits eine, wenn

auch nur oberflächliche, soziale Beziehung zum Gegenüber. Sie ist geeignet für formelle geschäftliche und gesellschaftliche Anlässe, für unpersönliche Geschäfte wie das Einkaufen oder für die Frage nach Dienstleistungen und dauert bis zu 15 Minuten.

In der ›persönlichen Zeit‹ führt man Gespräche, die eine mehr oder weniger starke persönliche Beteiligung beinhalten, wie z. B. Gespräche unter Mitarbeitern und Kollegen, Arztbesuche, Vorstellungsgespräche oder kurze Beratungen. Sie umfaßt eine Zeitdauer von 15 bis 30 Minuten.

Die ›intime Zeit‹ setzt auch eine enge Beziehung zum Gegenüber voraus. Je vertrauter und wichtiger einem eine Person ist, um so mehr Zeit verbringt man auch mit ihr. Paare und Familien verbringen häufig täglich 24 Stunden zusammen. Zeitgrenzen werden nur gesetzt, wenn die Toleranz des Partners überschritten wird. Meist gibt es auch bei ganz engen Beziehungen solche Grenzen, die einen gewissen zeitlich begrenzten Rückzug vom anderen zur Folge haben. Durch die Länge der miteinander verbrachten Zeit verändert sich auch die Art der Beziehung.

Ein Beispiel dafür sind längere Beratungen oder Therapiestunden. Je mehr Zeit man zusammen verbracht hat, um so mehr intime Aspekte werden bekannt und tragen dazu bei, daß auch die Beziehung enger wird.

Wie bei den Raumzonen reagieren wir verletzt oder irritiert, wenn die Grenzen unserer Zeitzonen von anderen überschritten werden. Wir sind irritiert, wenn wir zu lange mit einem Partner zusammen sind oder wenn ein Fremder uns länger als ein paar Minuten in Beschlag nimmt. Es entsteht dasselbe Gefühl, als ob uns der andere – räumlich gesehen – zu nahe kommt. Wir fühlen uns unwohl, wissen aber meist nicht, warum.

Auf der anderen Seite sind wir verletzt, wenn uns nahestehende Personen keine Zeit für uns haben oder wenn wir bei geschäftlichen Angelegenheiten nur ›schnell abgefertigt‹ werden.

Auch zwischen der Länge der Zeit und der Größe der Räume bestehen Zusammenhänge. Kurze Begegnungen können leichter mit nur geringen Abständen der Beteiligten voneinander abgehandelt werden. Dagegen empfindet man es in der Regel als unangenehm, lange Zeit mit jemandem, zu dem man nur einen unpersönlichen Kontakt hat, auf engstem Raum zu verbringen. Entsprechende Räumlichkeiten – große Wartezimmer – machen auch langes Warten erträglicher.

Ebenso, wie die mächtigere oder höhergestellte Person die Größe des Raumes kontrolliert, so bestimmt sie auch die zeitliche Länge einer Begegnung und damit ihre Art. Mächtige Personen haben nicht nur das Recht, so nahe an uns heranzukommen, wie sie wollen, sie können auch so viel unserer Zeit beanspruchen, wie sie wünschen. Als untergeordnete Person muß man räumlichen Abstand halten und sich mit einer kurzen Zeit der Aufmerksamkeit oder Zuwendung zufriedengeben.

Auch bei der Zeit gilt das System von Gleichheit und Ungleichheit bzw. Intimität und Macht. Zwischen gleichberechtigten Partnern ist die Zeit entsprechend der Art der Begegnung gleich aufgeteilt: kurze Zeit für formlose und unpersönliche Treffen und viel Zeit für persönliche und intime Verabredungen.

Bei ungleichen Partnern liegt dagegen eine asymmetrische Zeitaufteilung vor. Der Mächtige teilt so wenig Zeit wie möglich mit dem ihm Untergeordneten. Dieser dagegen muß dem Mächtigeren so viel von seiner Zeit gewähren, wie dieser es fordert.

6.2. Warten und warten lassen

Betrachtet man Zeit unter dem Gesichtspunkt von Macht und Status, dann bekommt auch das Warten eine andere Bedeutung.

Die größere zeitliche Distanz wirkt wie eine größere räumliche Distanz. Jemanden warten lassen, erfüllt dieselbe Funktion, wie jemanden räumlich entfernt zu halten. Je mächtiger eine Person ist oder je höher ihr sozialer Status ist, um so mehr ist sie darauf bedacht, andere von sich fern zu halten – und sie warten zu lassen. Die Verteilung der Wartezeiten entspricht größtenteils der Verteilung der Macht.

Wenn man wartet, opfert man seine Zeit für denjenigen, der einen warten läßt. Für den Wartenden ist die Zeit meist verloren. Warten hat immer einen negativen Aspekt. Warten dient aber oft dem Interesse des Warten-Lassenden.

Daher ist es auch interessant, einmal die psychologischen Aspekte des Zuspätkommens zu betrachten. Die Person, die zu spät kommt, befindet sich meist in der ›besseren Position‹. Sie weiß, daß ein anderer bereits auf sie wartet. Der Wartende dagegen befindet sich in einer weitaus abhängigeren und unterlegeneren Stellung. Er verschwendet seine Zeit, die er auch anders hätte nutzen können. Er kann nichts an seiner Situation ändern. Wenn die Begegnung mit der anderen Person wichtig für ihn ist, bleibt ihm nichts anderes übrig, als zu warten. Jemand, der einen warten läßt, vermittelt ihm damit auch, daß seine Zeit weniger wert ist als die eigene.

Warten verursacht daher eine gewisse Form der Unterlegenheit. Wartenlassen vermittelt ein Gefühl der Überlegenheit, die auf dem Wissen beruht, daß ein anderer auf einen wartet.

Wartenlassen ist auch ein weitverbreitetes Mittel, um die Knappheit der eigenen Zeit zu demonstrieren und damit seinen sozialen Wert zu erhöhen. Je wichtiger und bedeutender eine Person ist, um so mehr Aufgaben hat sie zu erledigen und um so mehr wird sie gebraucht. Daher wartet man auch um so länger und geduldiger, je wichtiger die Person ist, von der man etwas Zeit oder Aufmerksamkeit möchte. Gute Ärzte, Therapeuten oder auch Friseure zeichnen sich dadurch aus, daß man lange Wartezeiten in Kauf nehmen muß. Zeitknappheit und lange Wartezeiten werden so zum Qualitätsmerkmal umfunktioniert.

Frauen verbringen im allgemeinen mehr Zeit mit Warten als Männer. Mehrere Untersuchungen haben das Bild von der Frau, die immer zu spät kommt und den Mann warten läßt, weil sie nicht rechtzeitig mit ihrem Make-up fertig geworden ist, entkräftigt.

Frauen sind häufiger Konsumenten von verschiedenen Dienstleistungen, wie z. B. Ärzten. Während der größte Teil der Ärzte Männer sind, sind die meisten Patienten Frauen. Da Frauen als Stellvertreterinnen der Familie viele Angelegenheiten wie Behördengänge, Einkäufe etc. erledigen müssen, warten sie auch öfter.

Frauen haben gelernt zu warten, bis man sie fragt. Sie äußern seltener ihre Wünsche von sich aus.

Frauen, besonders junge Mädchen, warten, bis *er* sie anruft. Sie halten sich bereit, bis er Zeit hat.

Im Berufsleben verbringen viele Frauen ihre Zeit mit zeitverschlingenden, unwichtigen Dingen, wie Akten zu ordnen, Belege einzusortieren, Texte abzuschreiben oder Kaffee zu kochen. Vorzimmerdamen gewinnen einen gewissen zusätzlichen Status dadurch, daß sie andere warten lassen. Dabei handeln sie jedoch nur als Agenten ihrer Vorgesetzten oder der Institutionen, für die sie arbeiten.

Warten ist daher eine Tätigkeit, die häufiger von untergeordneten oder sozial niedriger gestellten Personen in Kauf genommen werden muß. Mächtigere Personen warten nicht – sie lassen andere warten.

6.3. Zeit ist Geld

»Es gibt in Europa nur wenige Menschen, die wirklich Zeit haben. Vielleicht gar keine. Daher rennen auch die meisten durchs Leben, wie ein geworfener Stein. Fast alle sehen im Gehen zu Boden und schleudern die Arme weit von sich, um möglichst schnell voranzukommen. Wenn man sie anhält, rufen sie unwillig: ›Was mußt du mich stören; ich habe keine Zeit, siehe zu, daß du deine ausnützt.‹ Sie tun gerade so, als ob ein Mensch, der schnell geht, mehr wert sei und tapferer als der, welcher langsam geht.«

So beschreibt der Südseehäuptling Tuiavii aus Tiavea in seinen Reden den ›Weißen‹ – den Papalagi. (Der Papalagi, S. 34)

Die Bedeutung der Zeit und der Umgang mit ihr unterscheidet sich bei verschiedenen Kulturen erheblich.

In manchen Kulturen spielt die Zeit keine wichtige Rolle. Man hat einfach Zeit, und Warten ist ein wesentlicher und akzeptierter Bestandteil des Lebens.

In den westlichen Gesellschaften nimmt die Zeit dagegen eine zentrale Position ein. Alles dreht sich um die Zeit. Man hat nie genug davon. Zeit bekommt einen Wert zugeteilt. Zeit kann man kaufen. Je wichtiger die Personen sind, deren Zeit man in Anspruch nehmen will, um so teurer muß man sie bezahlen.

Manche setzen die Länge der Zeit gleich mit der Summe des Geldes, die sie in dieser Zeit verdienen können. Der Zeit werden damit bestimmte Bedeutungen zugeteilt, die sie an sich nicht hat. Egal, was wir mit ihr anfangen, die Zeit läuft weiter, und zwar nicht schneller oder langsamer.

Zeit an sich ist nicht faßbar, nicht manipulierbar, und ihre Wahrnehmung ist sehr subjektiv. Was für den einen sehr lang ist, ist für den anderen nur ein kurzer Moment. Zeit hat auch keine gesetzlichen Beschränkungen – wie z. B. der Raum. Zeit kann man stehlen, an sich reißen oder mißbrauchen, ohne bestraft zu werden.

Mächtige und sozial höherstehende Personen zeichnen sich dadurch aus, daß sie nie Zeit haben. Ihre Zeit ist besonders wertvoll – und damit natürlich auch ihre Person. Sie klagen ständig darüber, keine Zeit für dieses oder jenes zu haben und nicht frei über ihre Zeit verfügen zu können.

»Es gibt Papalagi, die behaupten, sie hätten nie Zeit. Sie laufen kopflos umher, wie vom Aitu (Teufel, Anm. des Verf.) Besessene, und wohin sie kommen, machen sie Unheil und Schrecken, weil sie ihre Zeit verloren haben. Diese Besessenheit ist ein schrecklicher Zustand, eine Krankheit, die kein Medizinmann heilen kann, die viele Menschen ansteckt und ins Elend bringt.« (Der Papalagi, S. 33)

Bei bedeutenden Menschen ist der Tag Minute für Minute eingeteilt und verplant. Anderen ›schenken‹ sie ihre Zeit nur für einen guten Preis – entweder für eine bestimmte Summe Geld oder für das Schuldgefühl, ihnen die kostbare Zeit zu rauben. Die überfüllten Stundenpläne und Terminkalender sind auch die Ursache für die langen Wartezeiten. Sehr oft wird die Zeit aber einfach nicht effektiv genutzt. Man kann nicht unterscheiden zwischen tatsächlich wichtigen und unbedeutenden Dingen, möchte alles auf einmal machen und hetzt von Termin zu Termin. Dabei darf man nicht vergessen, daß gerade diese zeitliche Überlastung für manche Menschen ein Beweis ihrer Bedeutung ist und daher der Bestätigung ihres persönlichen Wertes dient. Was würden wir von einem Manager, Arzt oder Politiker halten, der immer Zeit hat? Sein sozialer Wert würde dadurch bestimmt nicht steigen, denn Zeit-

Warten – ein äußeres Zeichen der Abhängigkeit

mangel gilt als ein Beweis für den Wert einer Person und ihrer Fähigkeiten.

Dagegen haben die ›machtlosen‹ oder sozial niedriger gestellten Menschen – besonders Kinder, alte Menschen, Arbeitslose oder Gefangene, in der Regel viel Zeit zu ihrer freien Verfügung. Oft ist Zeit aber auch ›das einzige, wovon sie genug haben‹. Der Preis, den sie dafür zahlen, ist hoch: kein Geld, keine Anerkennung, kein hoher sozialer Status. Die fehlenden finanziellen Mittel führen dazu, daß sie auch weniger ›mit ihrer Zeit anfangen können‹. Nicht umsonst gibt es das Sprichwort: Entweder man hat Geld oder Zeit, beides gibt es nicht oder zumindest nur sehr selten.

Die ›untergeordneten‹ Menschen haben zwar mehr Zeit, aber sie müssen auch öfter und länger warten – bei Ärzten, Kliniken, Sozial- und Arbeitsämtern, Gerichten, Geschäften und Dienstleistungen, die sie in Anspruch nehmen. Kürzere Wartezeiten – als Privatpatienten, in exklusiven Geschäften oder Dienstleistungsunternehmen, die einen besonders schnellen Service anbieten – müssen höher bezahlt werden.

Viele Dienstleistungen und Behördengänge sind nur während der Arbeitszeit der Berufstätigen möglich. Arbeiter und Angestellte, die nach Tagen oder Stunden bezahlt werden, müssen in dieser Zeit oft auf ihren Lohn verzichten. Das Warten kostet für sie Geld.

Personen in den höheren Positionen können sich diese Zeit dagegen ohne finanzielle Verluste nehmen, oder sie beauftragen andere Personen, die Dinge für sie zu erledigen.

Mächtige Personen haben häufig Kontrolle über die Zeit der ihnen Untergeordneten. Die Arbeitszeit wird von ihnen bestimmt und, teilweise mit Stechuhren, kontrolliert. Höhergestellte können die Zeit anderer leichter verletzen, indem sie sie lange warten lassen oder festgelegte Termine absagen, weil sie etwas ›Wichtigeres‹ zu tun haben oder weil eine bedeutendere Person ihre Aufmerksamkeit braucht.

Die Entscheidung, wem man seine Zeit schenkt, beinhaltet immer eine persönliche Wertung der Person. Oft geht es weniger darum, die Zeit zu haben, als sich die Zeit zu nehmen. Im Grunde genommen ist jeder selbst Herr über seine Zeit, aber manchen fällt es schwer, Grenzen zu ziehen und den Ansprüchen, die an sie gestellt werden, einmal nicht nachzukommen.

Höhergestellte Personen sind freier von äußerlichen Zwängen, wie von der festgelegten Arbeitszeit. Dafür legen sie sich meist selbst wesentlich größere Zwänge auf: Sie arbeiten 60 Stunden in der Woche, einschließlich dem Wochenende, um ihre Zeit restlos zu nutzen und den größtmöglichen Profit daraus zu ziehen.

Durch die Verkürzung der Arbeitszeiten und die steigenden Einkommen haben auch die unteren Klassen mehr Freizeit und vielfältigere Möglichkeiten, diese zu nutzen. Die Freizeitindustrie gewinnt als wichtiger Wirtschaftszweig zunehmend an Bedeutung. Das Problem der Zukunft wird nicht mehr die fehlende Freizeit, sondern die befriedigende und sinnvolle Freizeitgestaltung sein.

Zeit ist besonders in unserer Kultur eine der wichtigsten Ressourcen. Sie unterscheidet sich von allen anderen Ressourcen wie Geld und Besitz dadurch, daß sie nicht wiederholbar und ersetzbar ist. Verlorene Zeit ist verloren und läßt sich durch nichts wieder zurückholen.

Wir sollten unseren Umgang mit der Zeit einmal überdenken und auf die Worte des Südseehäuptlings Tuaivii hören: »Wir müssen den armen verirrten Papalagi vom Wahn befreien, müssen ihm seine Zeit wiedergeben. Wir müssen ihm seine kleine runde Zeitmaschine zerschlagen und ihm verkünden, daß von Sonnenaufgang bis -untergang viel mehr Zeit da ist, als ein Mensch gebrauchen kann.« (Der Papalagi, S. 35)

7. Die Welt der Berührung

7.1. Die Macht der Berührung

Als Michelangelo die Schöpfungsszene in der Sixtinischen Kapelle in Rom malte, entschied er sich, den Schöpfungsakt durch die Berührung von Adam durch Gottes Hand darzustellen. Die Ausdruckskraft dieser Berührung ist so überzeugend, daß man beinahe spürt, wie der Lebensfunke zwischen den beiden ausgestreckten Händen überspringt.

Michelangelos Berührungsszene erinnert daran, welchen speziellen Platz diese Geste als ein Akt von göttlicher und magischer Bedeutung einnimmt.

Menschliche Berührungen sind so alt wie der Mensch und so verschieden wie der Händedruck zur Begrüßung, der liebevolle Klaps oder die ärztliche Untersuchung. Berührungen können die verschiedenartigsten Formen haben. Man kann stoßen, schlagen, schubsen, streicheln, umarmen, kneifen, pieksen, kitzeln, schütteln, drücken usw.

Mit Hilfe von Berührungen können alle grundlegenden Arten von zwischenmenschlichen Haltungen ausgedrückt werden.

Aktive Berührungen sind mehr erforschend, explorativ, passive Berührungen sind eher rezeptiv, bei ihnen steht die Aufnahme verschiedener Sinneseindrücke im Vordergrund. Die Art der Berührung spiegelt den Grad der Intimität einer Beziehung wider. Berührungen verursachen emotionale Erregungen, deren Bedeutung jedoch sehr kulturabhängig ist.

Sowohl in der Vergangenheit als auch in der Gegenwart

Anfassen wird zum ›Anteilhaben‹ an der verehrten Person

wird die Berührung von einer Aura der Magie und des Tabus umgeben. Die Berührung durch ›heilige Männer‹, angefangen bei Jesus und seinen Aposteln bis hin zum Papst oder durch das Handauflegen sogenannter Heiler, gründete immer in dem Glauben, durch die Berührung könnte der Teufel vertrieben und die Krankheit beseitigt werden.

Diese ›magischen‹ Berührungen sind Bestandteile vieler religiöser Riten – wie auch dem Handauflegen bei der Segnung. Subjektiv gesehen ist diese Art von Berührung nicht ein kurzzeitiges Ereignis, das dann beendet ist, wenn die Hand zurückgezogen wird. Sie wird eher als ein Ereignis von großer Bedeutung im Leben wahrgenommen, das eine dauerhafte Veränderung bewirkt.

»Er oder sie hat mich tief berührt« – ist eine Aussage, die beweist, daß die Magie der Berührung auch heute noch existiert. Aber es ist nicht nur das Magische und Großartige, was wir in der Berührung suchen. Die Berührung ist die ursprünglichste Form sozialer Kommunikation. Sie beinhaltet das tief verwurzelte – vermutlich sogar lebensnotwendige – Verlangen nach Körperkontakt. In seinen Untersuchungen bei Heimkindern hat Bowlby nachgewiesen, welche schweren emotionalen Störungen in der kindlichen Entwicklung beim Fehlen von körperlichen Kontakten entstehen. Je älter ein Kind wird, um so mehr wird der körperliche Kontakt zu den Eltern reduziert. An seine Stelle tritt der Kontakt mit Freunden, zunehmend mit denen des anderen Geschlechts, wobei die sexuellen Komponenten an Bedeutung gewinnen.

Das Bedürfnis nach Körperkontakt bleibt das ganze Leben bestehen. Hinter sexuellen Kontakten verbirgt sich häufig nur der Wunsch nach Nähe und Zärtlichkeit. Das Bedürfnis nach Berührungen scheint, mehreren Untersuchungen zufolge, bei Frauen größer als bei Männern zu sein.

Die lebenswichtige Erfahrung von Körperkontakt erscheint nicht verwunderlich, wenn man die sensorische Aufnahmefähigkeit der Haut betrachtet. Die Haut mit ihren Rezeptoren für Druck, Schmerz, Hitze und Kälte ist, verglichen mit den anderen Sinnesorganen, ein Sinnesorgan mit gewaltigen Ausmaßen. Sie arbeitet in allen Richtungen, in Dunkelheit oder Stille. Sie kann die geringsten Unterschiede der Reize registrieren.

Gesellschaftlich gesehen ist bei Erwachsenen der Körperkontakt nur unter bestimmten sozialen Umständen erlaubt: gegenüber dem Partner, Kindern und in bestimmten Formen wie bei der Begrüßung, beim Abschied oder beim Tanzen, gegenüber Freunden und Bekannten. ›Erzwungener‹ Körperkontakt in überfüllten oder engen Räumen wird nicht als sozialer Kontakt definiert.

Personen bestimmter Berufsgruppen wie Ärzte, Schneider, Friseure, Kosmetiker oder Masseure sind dazu berechtigt, fremde Menschen zu berühren, und werden dafür bezahlt. Diesen ›Berufsberührern‹ werden auch vertrauliche und intime Berührungen zugestanden. Diese Körperkontakte lösen beim Betroffenen Reize aus, die er versucht zu ignorieren, unter anderem dadurch, daß er die Person als ›Unperson‹ betrachtet. Obwohl diese Art des Kontaktes ganz bestimmte vorher festgelegte Funktionen hat, wie z. B. die ärztliche Untersuchung, entwickelt sich häufig unbeabsichtigt eine gewisse Vertrautheit zwischen Berührer und Berührten. Nicht selten versuchen Menschen, deren Bedürfnis nach Zuwendung und Berührung nicht erfüllt wird und die unter einem Mangel an Zärtlichkeit leiden, diesen durch Besuche bei ›Berufsberührern‹ wie Ärzten oder Friseuren auszugleichen.

Berührungen werden zum großen Teil durch kulturelle Regeln und Vorschriften festgelegt. Man kann zwischen Kontakt- und Nicht-Kontakt-Kulturen unterscheiden. Zu den Kontakt-Kulturen gehören die Araber, die Südeuropäer, die Lateinamerikaner und manche afrikanische Kulturen. Nicht-Kontakt-Kulturen sind die Nordeuropäer, die Amerikaner, die Asiaten (Inder und Pakistani).

Sidney Jourard, der sich schon vor über 20 Jahren mit diesem Thema befaßte, erzählt in seinem Werk ›Body-Accessibility‹ eine kurze Anekdote dazu:

»Ich beobachtete Paare, die in Cafés in eine Unterhaltung vertieft waren, in San Juan (Puerto Rico), London, Paris und in Gainesville (Florida) und zählte, wie oft eine Person eine andere an ihrem Tisch während einer Stunde berührte. Die Punkte waren 180 für San Juan, 110 für

Paris, 0 für London und 2 für Gainesville.« (S. 222, Übers. d. Verf.)

Berührungen haben wichtige Funktionen für alle Menschen. Manchen Berührungen wird sogar eine magische Bedeutung zugeschrieben. Aber Berührungen sind auch ein Mittel, um Beziehungen und Einstellungen zu anderen Personen auszudrücken.

7.2. Die Macht durch Berührung

Stellen Sie sich vor, ein Angestellter in einem Büro, einem Geschäft oder in einer Fabrik geht zu seinem Chef, legt ganz locker seine Hand auf dessen Schulter und beginnt ein Gespräch über seine Probleme am Arbeitsplatz – kaum vorstellbar. Umgekehrt ist dieses Verhalten dagegen weit verbreitet. Lehrer berühren ihre Schüler, Ärzte ihre Patienten, Polizisten Täter, Geschäftsleute ihre Sekretärinnen. Stets ist es ein Privileg der in der sozialen Hierarchie Höherstehenden, Personen mit niedrigerem sozialen Status zu berühren.

Unzählige alltägliche Situationen machen deutlich, wie eng Berührungen mit Macht, Status und Dominanz verbunden sind. Diese Funktion der Berührung, die letztlich der Aufrechterhaltung der sozialen Ordnung dient, wurde jedoch bei den bisherigen Untersuchungen und Forschungen weitgehend vernachlässigt. Im Mittelpunkt stand stets der Aspekt der Kommunikation und der der Intimität – im besonderen der sexuellen.

Je höher der soziale Status einer Person ist – der sich nach Kriterien wie Alter, Geschlecht, Hautfarbe, Einkommen und beruflicher Position richtet –, um so größer sind ihre Privilegien, andere zu berühren. Dabei stellen Berührungen häufig eine Form der Kontrolle dar. Man hält jemanden fest, deutet ihm durch einen leichten Druck auf die Schulter an, daß er sich hinsetzen soll, oder schiebt ihn durch die Tür.

Untersuchungen bestätigen diese Tatsache: Die Anzahl der Berührungen war am höchsten gegenüber Personen mit einem niedrigeren sozialen Status, am zweithäufigsten bei gleichrangigen Personen und am geringsten gegenüber Personen, die sozial höher standen als der Betreffende.

Ältere Personen berühren häufiger jüngere Menschen, und Männer berühren Frauen öfter als umgekehrt.

Auch der Wunsch, von anderen Menschen berührt zu werden, hängt mit der sozialen Hierarchie zusammen. Man selbst berührt lieber Menschen, die einem nahestehen, wie Freunde und Bekannte. Bei fremden Personen sind es eher untergeordnete oder gleichrangige Personen – also z. B. die Mitarbeiter und Kollegen und nicht der Vorgesetzte. Selbst berührt werden möchte man in der Regel eher von höherstehenden Personen als von Menschen, die einem untergeordnet sind.

Bei der Kaste der Unberührbaren in Indien ist deren Mitgliedern verboten, die Angehörigen einer höheren Kaste zu berühren. Umgekehrt ist es den Höhergestellten jedoch nicht untersagt, die Unberührbaren anzufassen – auch wenn niemand davon Gebrauch macht. Auch bei uns wird es als Affront, mangelnde Disziplin oder fehlendes Benehmen gewertet, wenn eine ›niedrigere‹ Person eine ›höhere‹ Person berührt.

Privilegien der Berührung sind nicht nur vom sozialen Status der Beteiligten, sondern auch von der jeweiligen Situation abhängig. In Situationen, in denen eine Person Dominanz oder Macht über eine andere hat oder haben möchte, zeigt dies auch die Anzahl ihrer Berührungen. Personen, die Informationen, Ratschläge oder Befehle geben, die um einen Gefallen bitten oder die von einer Sache überzeugen wollen, berühren ihre Gesprächspartner häufiger als umgekehrt.

Personen in emotional aufgebrachten Zuständen oder unter dem Einfluß von Alkohol fühlen sich oft ›stärker‹ als sonst und neigen daher dazu, andere häufiger zu berühren.

Betrachtet man Dominanz als einen konstanten Persönlichkeitszug, so findet sich auch hier eine Übereinstimmung mit der größeren Anzahl der Berührungen bei dominanten Menschen.

Auch das Recht, zu intimeren Formen der Berührung zu wechseln, z. B. zur Umarmung statt dem Händedruck bei der Begrüßung, liegt in der Regel beim Dominanteren oder Höhergestellten.

Innerhalb der verschiedenen sozialen Schichten bestehen Unterschiede in der Häufigkeit der Berührungen. Je niedriger die soziale Schicht, um so mehr Körperkontakt haben ihre Mitglieder untereinander. Je höher die soziale Schicht, um so ausgeprägter und detaillierter sind die Vorschriften und Tabus des Körperkontaktes. Hier wird auch der enge Zuammenhang zum Raumverhalten sichtbar. Mächtigere und höhergestellte Personen haben einen größeren Abstand zu ihnen. Diese Tatsache allein verhindert oft einen körperlichen Kontakt.

Alle diese Ergebnisse lassen den Schluß zu, daß Berührungen oft Dominanz und Macht ausdrücken. Dabei ist aber zu beachten, daß dies nur bei ungleichen Beziehungen der Fall ist. Dieselben Berührungen, die Dominanz ausdrükken, können in einer gleichen Beziehung durchaus ein Zeichen von Intimität und Nähe sein.

Zwischen den Geschlechtern bestehen hinsichtlich der Berührung grundlegende Unterschiede. Sie liegen nicht nur in der unterschiedlichen Häufigkeit, sondern auch in den verschiedenen Interpretationen. Frauen deuten Berührungen von Männern wie z. B. das Umarmen nicht automatisch als sexuelle Anspielung oder Aufforderung, während Männer derartige Berührungen von Frauen sehr häufig in dieser Art interpretieren.

Das Händeschütteln, eine Form der Begrüßung, die ganz speziellen Regeln und Ritualen unterliegt, gilt als eine deutlich männliche Geste. Keiner wird bestreiten, daß Männer, besonders untereinander, öfter Hände schütteln als Frauen. Zwei Frauen untereinander geben sich seltener die Hand. Sie tun das nur dann, wenn sie sich gegenseitig vorgestellt werden. Kennen sie sich jedoch bereits, kommt das Händeschütteln kaum mehr vor – im Gegensatz zu den Männern, bei denen es zum Ritual gehört, auch wenn sie sich bereits gut kennen.

Die Beobachtung, daß Männer häufiger Frauen berühren als umgekehrt, zeigt sich auch in der Analyse von Filmen und Comics. Daher ist es auch nicht verwunderlich, daß Frauen sich viel häufiger unangemessen und übermäßig angefaßt fühlen als Männer.

Die sexuelle Anziehung – häufig als Argument für diese Tatsache verwendet – ist keine ausreichende Erklärung für diese Unterschiede, es sei denn, man unterstellt den Frauen generell einen schwächeren sexuellen Antrieb. Die Untersuchungen von Kinsey, Masters und Johnson über die weibliche Sexualität dienen jedoch nicht dazu, diese Behauptung zu unterstützen.

Es handelt sich wohl eher darum, daß der Ausdruck sexueller Bedürfnisse bei den Frauen eher unterdrückt wird; das wiederum ist die Folge von sozialen Verhaltensvorschriften.

Bei den Berührungen ihrer verschiedenen Körperzonen unterscheiden Frauen zwischen angenehmen, warmen und liebevollen, freundlichen, spielerischen und sexuellen Berührungen. Männer machen diese Unterscheidung nicht. Diese wäre demnach ein Beweis für die alte These, nach der Liebe und Sex für Frauen zwei verschiedene Dinge sind.

Bei der Diskussion um die Geschlechtsunterschiede bei den Berührungen sollte man stets im Auge behalten, daß Sexualität nicht selten nur das Medium ist, mit dessen Hilfe die Botschaft der Dominanz ausgedrückt wird.

Viele im Grunde genommen feindselige Berührungen werden unter dem Deckmantel der Liebe verborgen. So werden besonders Kinder an den Ohren gezogen, in die Wange gekniffen, oder sie bekommen einen Klaps auf den Hintern. Es ist sicher sehr schwer, hier die Grenze zwischen tatsächlich liebevollen und schmerzvollen Berührungen zu ziehen.

Viele dieser Gesten werden auch gegenüber Frauen gezeigt.

Alle diese Dinge belegen, daß wir an der Tatsache, daß so etwas Natürliches und Menschliches wie die Berührung auch zu einem Symbol für Macht und Status geworden ist, nicht einfach vorübergehen können.

8. Die Kleidersprache

8.1. Die Botschaft der Kleidung

In der Literatur zur Körpersprache findet man nur selten Aussagen über die Wirkung von Kleidung. Dabei besteht zwischen getragener Kleidung und Gesprächssituation immer ein enger Zusammenhang: Man bereitet sich mit der entsprechenden Kleidung auf ein Gespräch oder eine Situation vor (zu einer privaten Einladung kleidet man sich anders als zu einem Geschäftsgespräch). Die Art der Kleidung beeinflußt das Gespräch und die Verständigung (eine zu extravagante oder unpassende Kleidung kann beim anderen Ablehnung erzeugen). Und auch während des Gesprächs geht man manchmal auf eine sehr aufschlußreiche Weise mit seiner Kleidung um (man entfernt imaginäre Staubkörnchen von seiner Hose, krempelt sich die Ärmel hoch oder zupft ständig am Kleid).

Während sich Mimik, Gestik und Körperhaltung während eines Gesprächs ständig verändern, bleibt die Kleidung über einen längeren Zeitpunkt konstant. Ihre Wirkung kann daher um so nachhaltiger sein, und jeder kennt wahrscheinlich das unangenehme Gefühl, in einer unpassenden oder unbequemen Kleidung zu stecken.

Kleidung kann ein Gefühl der Übereinstimmung oder des Gegensatzes erzeugen: Man findet sie geschmackvoll und passend oder unmöglich.

Kleidung kann die Bewertung des Gesprochenen erheblich mitbestimmen, indem sie die Art der sozialen Beziehungen festlegt und damit auch gewisse Vorrechte und erwartete Reaktionen. An der Kleidung erkennt man Rollen, Ränge und Funktionen. Gegenüber einem Polizisten in

Uniform verhalten wir uns anders als gegenüber einem Polizisten im Jogginganzug.

Kleidung dient der Selbstdarstellung von Gruppen und Institutionen. Sie unterstreicht ähnlich wie ein Wappen, Emblem oder eine Fahne die Funktion und Macht einer Gruppe und zeigt damit ihr Selbstverständnis.

Kleidung kann andererseits auch ein Ausdruck der Persönlichkeit sein, wie die Wohnungseinrichtung, das Auto oder die Hobbys. Dabei signalisiert das Geld, die Zeit und die Mühe, die darauf verwendet wird, die Wichtigkeit für die betreffende Person.

Kleidersprache ist dann eine sehr persönliche Sprache, deren Zeichen nur dem Träger in ihrer wirklichen Bedeutung bekannt ist. Nur er erlebt, wie er sich in einer bestimmten Kleidung fühlt, welche Kleidung er wann bevorzugt. Bei der persönlichen Kleidersprache geht es nicht darum, die jeweiligen Personen anhand ihrer Kleidung zu analysieren, sondern die mit der Kleidung übermittelte Botschaft zu erfassen.

Früher waren die Bekleidungsvorschriften sehr genau festgelegt. Im Mittelalter gab es strenge Kleiderordnungen, die es ermöglichten, sogar an Details, wie der Anzahl der Knöpfe, den Stand des Trägers zu erkennen. Anhand der Kleidung konnte man sofort feststellen, welcher Handwerkszunft eine Person angehörte und ob sie Geselle oder Meister war. Verstöße gegen diese Vorschriften waren unter Strafe gestellt.

Diese strikte Standesordnung hat sich zwar längst aufgelöst, aber noch heute sind bestimmte Kleidungsstücke an soziale Rollen und damit auch an ein System von Vorschriften und Verboten gebunden, wie z. B. Uniformen, Trachten oder der Smoking.

Verfolgt man die Entstehungsgeschichten einzelner Kleidungsstücke zurück, so findet man oft ihren ursprünglich engen Zusammenhang mit einer bestimmten gesellschaftlichen Position oder einem speziellen Beruf.

So entstand zum Beispiel der Frack aus dem Reitermantel. In der Oberschicht des 18. Jahrhunderts gehörte es zum Status der englischen Landedelleute, auf die Jagd zu gehen. Zum Reiten benötigte man jedoch einen Mantel, der die besondere Haltung des Reiters berücksichtigte. Deshalb schnitt man den Mantel vorne ab und ließ ihn hinten lang. Diese Art von Mänteln wurde bald zum Statussymbol für Männer, die frei über ihre Zeit verfügen konnten. Es entstand eine neue Mode, und bereits in der Mitte des 19. Jahrhunderts gehörte der Frack zur alltäglichen Kleidung.

Die Jeans – ursprünglich die Berufskleidung der amerikanischen Cowboys – erhielten im Laufe der Zeit eine symbolische Verbindung mit den Begriffen Freiheit, Abenteuer und Männlichkeit. Der Wunsch nach diesen Inhalten führte zur Übernahme der Klcidung, sicher nicht die Identifikation mit dem Beruf des Cowboys.

Die ursprüngliche Zugehörigkeit bestimmter Kleidungsstücke zu einzelnen Rollen und Berufen wurde abgelöst durch eine Verknüpfung des Kleidungsstückes mit den Eigenschaften, die diesen Personen zugeschrieben wurden. Die Botschaft der Kleidung wurde damit auf die Vermittlung von Fähigkeiten oder Lebenseinstellungen verschoben.

Die Lockerung der Kleidernormen ermöglichte eine zunehmende persönliche Selbstdarstellung durch die Kleidung. Bekleidungsnormen sind zum Teil nur noch als ›verinnerlichte‹ Vorschriften vorhanden: Man weiß meist intuitiv, welche Kleidung zu welchem Anlaß angemessen ist.

Mit dem Anwachsen des persönlichen Freiraums bei der Wahl der Kleidung sank aber auch die Eindeutigkeit und Verständlichkeit ihrer Botschaften.

Aber auch heute noch hängt die Art der Kleidung eng mit dem Status und der Rolle der betreffenden Personen zusammen – nur die Grenzen sind vielleicht etwas fließender geworden, und die Signale sind nicht immer deutlich erkennbar, aber dennoch sehr wirksam.

8.2. Kleider machen Leute

Kleidung kann viele Botschaften enthalten. Sie kann Aussagen über das Geschlecht, die Gruppenzugehörigkeit, den Status, die Mentalität oder die Persönlichkeit des Trägers machen. Mit der Kleidung zeigt man aber nicht nur, wer man ist, sondern oft auch, wer und wie man sein möchte.

Kleidung baut Vorstellungen und Erwartungen auf – sie schafft Illusionen.

Wie Kleider Leute machen können, bewies auch der Hauptmann von Köpenick, der allein aufgrund seiner Offiziersuniform Achtung und Einfluß erlangte.

Da Macht in vielen Fällen an bestimmte Rollen, Gruppenzugehörigkeiten oder an einen bestimmten Status geknüpft ist, dient Kleidung auch häufig dem Ausdruck von Macht.

Diese Art von Kleidung wird dann gewissermaßen als ›schweigsames Gehäuse‹ betrachtet: Man orientiert sich streng an den Normen und Vorschriften, um seine Rolle und Position nach außen deutlich darzustellen.

So beinhaltet Kleidung einerseits die Chance, anderen Macht mitzuteilen, und bietet dabei gleichzeitig die Möglichkeit, die eigenen Gefühle zu verbergen. Man identifiziert sich mit den Einstellungen und Handlungen seiner ›Rolle‹ und fühlt sich weniger persönlich dafür verantwortlich.

Besonders Uniformen wirken entfremdend. Man ist sich seiner selbst weniger bewußt, gibt die Verantwortung ab und entlastet damit sein Gewissen – man handelt als Rollenvertreter, nicht als Mensch.

Welche Ausdrucksmöglichkeiten für Macht gibt es nun?

Man verändert das Aussehen in der Weise, daß die Gefühle und Absichten der Person des Trägers schwerer einschätzbar sind. Je mehr die Kleidung verhüllt, um so weniger Botschaften der Körpersprache kann der andere empfangen. Ein besonders deutliches Beispiel ist das Verbergen hinter einer dunklen – manchmal sogar verspiegelten – Sonnenbrille. Damit entfällt eines der wichtigsten Signale zur Einschätzung einer Situation – der Augenkontakt.

Auch die Körperoberfläche läßt sich durch verschiedene Materialien so verändern, daß man härtere und gefährlichere Reaktionen seines Gegenübers erwartet und befürchtet, z. B. wirkt schwarze Lederkleidung auf viele Menschen bedrohlich. Ferner kann Kleidung durch eine scheinbare Vergrößerung des Körpers und die Betonung der Muskeln Zeichen der körperlichen Überlegenheit setzen und die Machtbotschaft verstärken. Beispiele dafür sind Hüte, die einen größer erscheinen lassen, oder schwere, breite Kleidungsstücke mit Schulterpolstern.

Als Merkmale einer dominanten Kleidung gelten z. B. die Materialien Leder, Raubtierfelle, Schnallen, Ketten und Metallteile. Weiter sind Stiefel, hohe Absätze, eine hochgeschlossene, steife und harte Kleidung, ein maskenhaftes (geschminktes) Gesicht und dunkle Farben dominante Signale.

Schwarz und Rot gelten als die Farben der Dominanz. Rot erregt Aufmerksamkeit, und keine andere Farbe wird physiologisch so schnell wahrgenommen wie Rot.

Diese Art von Kleidung findet man vorwiegend bei den Uniformen von Polizei und Militär: Geschlossene Kleidung, zum Teil aus Leder, zumindest aber aus einem ›steifen‹ Material, Betonung der Schultern, schwere, teilweise gespornte Lederstiefel, die die Schritte bedrohlich und unüberhörbar machen, Mützen, die tief ins Gesicht gezogen werden, um den finsteren, strengen Blick noch zu betonen. Uniformen haben in der Regel auch dunkle Farben.

Übernommen wurden diese dominanten Signale auch von den Punks: Leder, Ketten, mit Metallnieten beschlagene Gürtel und Jacken, überwiegend schwarze Kleidungsstücke, entfremdende Frisuren und Schminke.

Im Gegensatz zu Dominanz zeigt sich soziale Macht eher an teueren, seltenen Materialien (Pelze, Leder, Seide...), an einer klassischen klaren Linienführung und dem offen zur Schau getragenen exzessiven Gebrauch und Besitz von Kleidung. Das Tragen exklusiver, von bekannten Designern entworfener Kleidung läßt sie häufig zum Statussymbol werden. Anhand dezent angebrachter Embleme erkennt zum Teil nur der Eingeweihte die Marke und den Preis der Kleidung.

Ein weiteres beliebtes Statussymbol ist Schmuck.

Der Wert des Schmuckes zeigt an, was man sich leisten kann. Gebrauchsgegenstände wie Armbanduhren werden zu reinen Schmuckstücken umfunktioniert. Man schmückt sich mit wertvollen Dingen, um seinen eigenen Wert zu steigern.

Die Bewertung der Kleidung unterscheidet sich bei Männern und Frauen. Bei Männern dient Kleidung häufiger dazu, sich gesellschaftlich einzufügen und damit ihrer Rollenerwartung, die ihnen als in politischen und wirschaftlichen Institutionen Tätigen entspricht, nachzukommen.

Männer tragen daher häufiger Uniformen oder eine Berufskleidung (was auch damit zusammenhängen kann, daß sie weitaus öfter ›höhere‹ Positionen einnehmen als Frauen).

Seit 1½ Jahrhunderten gilt der Herrenanzug als Beispiel für die zivile Uniformierung der Männer. Korrekte Kleidung – in der Regel ein dunkler Anzug mit Krawatte – hat besonders in den Bereichen der Politik und der Wirtschaft einen auffälligen Vorrang. In diesen Positionen sind Ernsthaftigkeit, Verantwortung und Pflichterfüllung wichtiger als die Offenbarung von persönlichen Gefühlen und Einstellungen, und ein gespanntes, bedrücktes Gesicht gilt als Beweis für die berufliche Kompetenz.

Während von Männern eine situationsgerechte und zurückhaltende Kleidung erwartet wird, haben Frauen das Recht, sich situationsunabhängiger und ausdrucksvoller zu kleiden. Aber auch hier gibt es Grenzen, und je höher die Position einer Frau in der sozialen Hierarchie ist, um so weniger ist die modische Betonung der Kleidung gefragt. Zeitlose unauffällige Eleganz, Kostüm oder Rock mit Bluse gelten nach wie vor als angemessen. Vor allem nach Meinung der Frauen gilt Elcganz als ein Hinweis auf einen gehobenen Status, Geld und Ansehen.

Je höher die Position ist, desto zwingender werden die Konventionen. Ein Geschäftsführer, der im Jogginganzug hinter seinem Schreibtisch sitzt, ist kaum denkbar. Vielleicht ist dies der Preis für die Macht – je größer sie ist, um so mehr muß man darauf achten, daß sie auch nach außen dargestellt wird. Auf den mittleren Ebenen der sozialen Hierarchie ist dagegen eine – nicht zu modische – bequeme und sportliche Kleidung durchaus zulässig.

Während Uniformen einerseits ein Zeichen von Macht sein können und dem Träger die Ausübung seiner Rechte und Pflichten ermöglichen und erleichtern, können sie auf der anderen Seite auch für bestimmte Personenkreise einschränkend sein.

Mit der Vorschrift, eine Uniform zu tragen, wird dem einzelnen untersagt, sich nach seinem persönlichen Stil

Leiden um der Schönheit willen

und Geschmack zu kleiden. Schaffner, Stewardessen, Bedienungen und Hostessen müssen während ihrer Arbeitszeit diese Freiheit abgeben. Meist handelt es sich in diesem Fall um Dienstleistungsberufe. Die Betroffenen sollen anderen Personen zu ihren Diensten stehen. Ihre Position in der sozialen Rangfolge ist also eher niedriger.

Die Vorschriften für das Tragen der Uniform und die zugestandenen persönlichen Veränderungen (z. B. die Accessoires) werden von oben bestimmt.

Verfolgt man die Moden der Vergangenheit, so gab und gibt es immer wieder – eigentlich nur für Frauen – Kleidungsstücke, die im wahrsten Sinne des Wortes einengten: eng geschnürte Taillen, zusammengeschnürte Mieder, enge lange Röcke, die nur kleine Schritte ermöglichten, extrem kurze Röcke, die die Bewegungsfreiheit speziell beim Sitzen einschränkten, hochhackige oder spitze Schuhe, die das Gehen zur Qual und zur Kunst machten.

Moden und Schönheitsideale (z. B. unser Schlankheitswahn) führten und führen so oft dazu, daß Frauen leiden müssen, um dem zeitgemäßen Bild einer begehrenswerten, attraktiven und modischen Frau zu entsprechen.

Die Tatsache, daß es derlei Einengungen und Einschränkungen für Männer nicht gab, läßt durchaus den Schluß auf die sozial und gesellschaftlich niedrigere Stellung der Frauen zu.

Viele Botschaften, die Kleidung vermittelt, haben bei genauerem Hinsehen mit Macht zu tun.

Auch der Wandel der Kleidungsstile steht in einem engen Zusammenhang mit den gesellschaftlichen Machtverhältnissen.

8.3. Anpassung oder Protest

Die Wahl der Kleidung kann als Auseinandersetzung mit den beiden Polen der Anpassung an die gesellschaftlichen Forderungen und dem Ausdruck der Persönlichkeit verstanden werden. So lassen sich im Rückblick auf die Geschichte durchaus Parallelen zwischen dem jeweiligen Bekleidungsstil und der herrschenden gesellschaftlichen Machtstruktur aufzeigen. In den Zeiten, in denen der Glaube an die Vernunft im Vordergrund stand (etwa bei den Römern, Griechen und im Biedermeier), war eine harmonisch-elegante Kleidung gefragt. Eleganz stammt von dem lateinischen Wort ›Elegantia‹ und bezeichnete bei den Römern eine klare, einfache, überzeugende Rede.

Kleidung, die sich durch klare Linien, Übersichtlichkeit, Einfachheit und Ausgewogenheit auszeichnete, vermittelte ein ästhetisches Erleben, das mit einer vernunftbezogenen Lebensorientierung im Einklang steht. Harmonie in der Wahrnehmung durch Vereinfachung, Ordnung und Gefügtheit untermauerte daher die vorherrschende Machtstruktur, in der Vernunft, Klarheit und Geradlinigkeit an erster Stelle standen. Auch heute gilt das harmonisch-elegante Bekleidungsideal als Ausdruck ›konservativer‹ Gefühlsbedürfnisse. Wer diese Art von Kleidung trägt, dem ist an der Erhaltung der gegenwärtigen Machtverhältnisse gelegen. Er möchte nichts verändern und damit in Unordnung bringen.

Wer im Moment Macht besitzt, möchte sie durch die entsprechende Kleidung festigen und erhalten.

Je sensibler die Verteilung der Macht ist, um so wichtiger werden daher die Bekleidungsideale.

Neue, in der Gesellschaft aufkommende Werte und Ideale finden oft ihren Ausdruck zuerst in modischen Ideen. Moden markieren daher gesellschaftliche Zustände und nehmen manchmal Entwicklungen vorweg.

In Zeiten des gesellschaftlichen Wandels und der Veränderung der sozialen Strukturen durch den Abbau von Hierarchien, wie im Verfall des Feudalismus, zur beginnenden Macht des Bürgertums und in der Phase der Selbstfindung des chinesischen Volkes gewann auch das Einheitsideal in der Kleidung an Bedeutung.

Kleidung kann auch die offene Ablehnung der gegenwärtig etablierten Machtverhältnisse zum Ausdruck bringen.

Anti-harmonische, gegen die geltenden Normen verstoßende Kleidung wird zum Zeichen des Protestes.

Hippies, Gammler, Rocker, Skinheads oder Punks äußern durch ihre Art der Kleidung ihren Protest gegen die Gesellschaft. Studenten, politisch engagierte Gruppen und die Alternativen haben ihre eigenen Moden entwickelt.

Protest-Uniform gegen Beamten-Uniform

So gehörten lange Haare, Bärte, Jeans, Lederjacken und Nickelbrillen zur ›Uniform‹ der 70er Jahre. Mit dem konformistischen Einerlei protestierte man gegen das Diktat der Mode.

Oft entwickeln sich aus diesen ursprünglichen Anti-Moden gesellschaftlich akzeptierte Modeströmungen, wie es die Einbeziehung der punkigen Elemente in die Konsumentenmode deutlich zeigte.

Das Herauslösen aus den geltenden Normen macht aber stets den Rückhalt in der Gruppe notwendig. An der Kleidung erkennt man die Zugehörigkeit zu einer Gruppe, Gruppenmitglieder können sich so gegenseitig schneller erkennen. Durch die Zugehörigkeit zur Gruppe entsteht eine

– manchmal neue – persönliche Identität. Deutlich wird dies bei Jugendlichen, die sich gerade vom Elternhaus lösen und daher auf der Suche nach einer neuen Identität sind. Religiöse Gruppen und Sekten benützen einheitliche Kleidung als deutlich sichtbares Zeichen ihrer Zugehörigkeit. Geistige Einstellungen sollen nach außen vertreten werden. Auch die Randgruppen einer Gesellschaft unterstreichen ihre Sonderstellung meist durch eine ungewöhnliche Kleidung, wie z. B. die Zigeuner oder die Indianer in den USA.

Kleidung kann Illusionen schaffen, aber sie kann uns auch zu dem machen, was wir sind.

Schlußwort

»Der Schlüssel zum Erfolg
sind nicht Informationen.
Das sind Menschen.«
Lee Iacocca

Jedes Wissen bleibt bedeutungslos, wenn man es nicht anwenden kann. Hier liegt auch eine Schwierigkeit bei der Körpersprache. Man kann einzelne körpersprachliche Signale und ihre mögliche Bedeutung beschreiben, aber Körpersprache ist letztlich zu komplex und zu situationsabhängig, um allgemeingültige Aussagen aufstellen zu können.

Dic Bedeutung und Funktion von Körpersprache kann in den meisten Fällen nicht unabhängig von der Sprache und vor allem nicht ohne die Berücksichtigung der Beziehung der Kommunikationspartner zueinander erfaßt werden.

Welchen Nutzen kann man dann überhaupt aus den Informationen über Körpersprache, wie sie auch dieses Buch gibt, ziehen? Der erste Schritt muß immer das Bewußtwerden der eigenen Körpersprache sowie die aufmerksame Beobachtung anderer Menschen sein. Körpersprache läßt sich in allen Bereichen des täglichen Lebens beobachten. Informationen über die Körpersprache können so ständig an der Realität überprüft werden. Dieses Buch soll daher Anstöße und Anregungen geben, sich bewußter und intensiver mit der Körpersprache zu befassen. Bewußtsein ist stets die Voraussetzung für ein entsprechendes Handeln. Je genauer man die jeweils ablaufenden Prozesse kennt, um so genauer weiß man, was zu tun ist. Die Kenntnis der

Bedeutung und Funktion körpersprachlicher Signale trägt dazu bei, Beziehungen offener und verständlicher zu machen.

Manchmal sagt ein körpersprachliches Signal mehr als tausend Worte. Der Körper lügt nicht – Worten kann man nicht immer trauen. Häufig zeigt sich in der Körpersprache die ›wirkliche‹ Einstellung des anderen, und erst wenn man diese kennt, kann man das Verhalten des anderen verstehen und entsprechend darauf reagieren.

Die Gefahr, durch einen gezielten Einsatz der Körpersprache Macht zu gewinnen und andere zu manipulieren, wird meines Erachtens häufig überschätzt. Körpersprache ist weit schwieriger zu kontrollieren und zu manipulieren, als man denkt. Gerade bei der Körpersprache sickern sehr häufig – wenn auch meist ungewollt – die echten Gefühle und Einstellungen einer Person durch. Körpersprache ist authentischer und ehrlicher als Sprache. Und schließlich bewirkt eine Veränderung der Körpersprache häufig auch die Veränderung der Einstellung. Was letztlich Ursache oder Wirkung ist, bleibt offen. Nach Auffassung der östlichen Philosophie *hat* ein Mensch nicht nur einen Körper, er *ist* auch sein Körper.

Über die Autorin

Bärbel Schwertfeger, geb. 1956. Studium der Pädagogik und Psychologie. Lehrauftrag an der Universität München. Tätig als freie Journalistin für verschiedene Zeitschriften in den Bereichen betriebliche Weiterbildung und Neue Medien.

Literatur:

Castaneda, C.: Reise nach Ixtlan. Frankfurt: Fischer, 1976

Pfungst, O.: Das Pferd des Herrn von Osten (Der kluge Hans). Leipzig: Barth, 1907

Fast, J.: Körpersprache. Reinbek: Rowohlt, 1979

Feldenkrais, M.: Bewußtheit durch Bewegung. Frankfurt: Suhrkamp, 1978

Lowen, A.: Bioenergetik. Reinbek: Rowohlt, 1979

Birkenbihl, V.: Signale des Körpers. Landsberg/L.: Moderne Verlagsgesellschaft mbH, 1985

Watzlawick, P./Beavin, J. H./Jackson, D. D.: Menschliche Kommunikation. Stuttgart: Klett Verlag, 1974

Molcho, S.: Körpersprache. München: Mosaik Verlag, 1984

Rückle, H.: Körpersprache für Manager. Landsberg/L.: Moderne Verlagsgesellschaft mbH, 1981

Scheflen, A. E.: Körpersprache und soziale Ordnung. Stuttgart: Klett Verlag, 1972

Darwin, C.: Der Ausdruck der Gemütsbewegungen bei dem Menschen und den Tieren. Stuttgart: Schweizerbart'sche Verlagsbuchhandlung, 1872

Argyle, M.: Körpersprache und Kommunikation. Paderborn: Junfermann, 1979

Wex, M.: Weibliche und männliche Körpersprache als Folge patriarchalischer Machtverhältnisse. Hamburg: Verlag Marianne Wex, 1979

Sapir, E.: ›The Unconscious Patterning of Behavior in Society‹, 1927. In: D. G. Mandelbaum (Hrsg.): Selected Writings of Edward Sapir. Berkeley: University of California Press, 1949

Hall, E. T.: The Hidden Dimension. New York: Doubleday Garden City, 1966

Rosenthal, R.: Experimenter Effects in Behavioral Research. New York, 1966

Jourard, S. M.: An Exploratory Study of Body-Accessibility: British Journal of Social and Clinical Psychology, 5, S. 221–231, 1966

Der Papalagi. Die Reden des Südseehäuptlings Tuiavii aus Tivea. Nürnberg: UPN-Volksverlag, 1973

Rechlin, E.: Christian auf Entdeckungen. Freiburg: Herder, 1984

Birdwhistell, R. L.: Kinesics and Context. Philadelphia: University of Pennsylvania Press, 1970

Argyle, M.: Körpersprache und Kommunikation. Paderborn: Junfermann, 1979

Scherer, K./Walbott: Nonverbale Kommunikation. Weinheim, Basel: Beltz, 1979

Hoffmann, H. J.: Kleidersprache. Frankfurt: Ullstein, 1985

Ridder, P.: Prozesse sozialer Macht. München: Ernst Reinhardt, 1979

Schneider, H. D.: Sozialpsychologie der Machtbeziehungen. Stuttgart: Ferdinand Enke, 1977

Henley, N.: Body Politics. New Jersey: Prentice-Hall, 1977

Ekman, P./Friesen, W. V.: The repertoire of nonverbal behavior: Categories, origins, usage, and coding. Semiotica, 1, S. 49–98, 1969

Goffman, E.: Wir alle spielen Theater. Die Selbstdarstellung im Alltag. München: Piper, 1969

Goffman, E.: Verhalten in sozialen Situationen. Strukturen und Regeln der Interaktion im öffentlichen Raum. Gütersloh: Bertelsmann, 1971

Lorenz, K.: Das sogenannte Böse. Zur Naturgeschichte der Aggression. Wien: Borotha-Schoeler, 1963

Sapir, E. A.: Language: An introduction to the study of speech. New York: Hartcourt, Brace, 1921

Whorf, B. L.: Sprache, Denken, Wirklichkeit. Reinbek: Rowohlt, 1963

1958-1988

30 JAHRE HEYNE-TASCHENBÜCHER

SONDERPROGRAMM JUBILÄUM

Außergewöhnliche Bestseller – erstmals als Heyne-Taschenbuch

NORMAN VINCENT PEALE

Positives Denken – eine Geisteshaltung, die ungeahnte Kräfte für eine aktive Bewältigung des Lebens freisetzt. Peale verbindet die neuesten Erkenntnisse der Wissenschaft mit den ewigen Lebensgesetzen des Glaubens und des Vertrauens.

Heyne-Taschenbuch
01/7803 - DM 9,80

Wilhelm Heyne Verlag München

HEYNE BÜCHER

PSYCHO

Die Heyne-Taschenbuchreihe „Psycho“ bringt ein breites Spektrum von Themen zwischen Grundfragen der Psychologie einerseits und praktischer Lebenshilfe andererseits.

17/1 - DM 7,80

17/3 - DM 7,80

17/4 - DM 7,80

17/5 - DM 7,80

17/6 - DM 8,80

17/7 - DM 9,80

17/9 - DM 9,80

17/10 - DM 9,80

HEYNE BÜCHER

PSYCHO

Die Welt hat ihr Sinn-Zentrum verloren.

Was daraus folgt, ist die Flucht des Menschen: in Schein-Aktivität, in die Welt der Esoterik, in die

Drogen. Der weltbekannte Schweizer Psychologe Prof. Dr. Max Lüscher schlägt in seinem Buch eine Lösung vor, die bei der Selbstverantwortung des einzelnen ansetzt: Nur wer in Harmonie mit sich und der Welt lebt, ist fähig, Unabänderliches zu akzeptieren und zu bewältigen.

Heyne-Taschenbuch
17/1 - DM 7,80

Wilhelm Heyne Verlag München

1958-1988

30 JAHRE HEYNE-TASCHENBÜCHER

SONDERPROGRAMM JUBILÄUM

Außergewöhnliche Bestseller – erstmals als Heyne-Taschenbuch

Dale Carnegie

Sein Name ist längst zum Begriff geworden – seine Bücher erreichen weltweit eine Auflage von mehreren Millionen Exemplaren! In seinem neuen Buch bietet Carnegie die Quintessenz seiner beiden Weltbestseller »Sorge dich nicht – lebe!« und »Wie man Freunde gewinnt«. Er lehrt uns darin die Kunst, beliebt und einflußreich zu werden, zu einem von Ängsten befreiten Leben zu finden.

Heyne-Taschenbuch
01/7801 - DM 9,80

Wilhelm Heyne Verlag München

HEYNE BÜCHER

RATGEBER ESOTERIK

Wege und Wahrheiten für ein besseres und erfolgreiches Leben

08/9092 - DM 9,80

08/9500 - DM 9,80

08/9501 - DM 9,80

08/9502 - DM 8,80

08/9503 - DM 9,80

08/9504 - DM 9,80

08/9505 - DM 8,80

08/9506 - DM 7,80

Heyne Taschenbücher. Das große Programm von Spannung bis Wissen.

Allgemeine Reihe mit großen Romanen und Erzählungen

Tip des Monats

Heyne Sachbuch

Heyne Report

Heyne Psycho

Scene

Heyne MINI

Heyne Filmbibliothek

Heyne Biographien

Heyne Lyrik

Heyne Ex Libris

Heyne Ratgeber

Ratgeber Esoterik

Heyne Kochbücher

Kompaktwissen

Heyne Western

Blaue Krimis/ Crime Classics

Der große Liebesroman

Romantic Thriller

Exquisit Bücher

Heyne Science Fiction

Heyne Fantasy

Bibliothek der SF-Literatur

Jeden Monat erscheinen mehr als 40 neue Titel.

Ausführlich informiert Sie das Gesamtverzeichnis der Heyne-Taschenbücher. Bitte mit diesem Coupon oder mit Postkarte anfordern.

Senden Sie mir bitte kostenlos das neue Gesamtverzeichnis

Name

Straße

PLZ/Ort

An den Wilhelm Heyne Verlag
Postfach 20 12 04 · 8000 München 2